EN EQUILIBRIO

EN EQUILIBRIO

14 días para estar más sereno, calmado y feliz

JAN BRUCE, ANDREW SHATTÉ
Y DR. ADAM PERLMAN

Título original: *meQuilibrium: 14 days to cooler, calmer, and happier*

Traducción: Ana Paulina Chavira

Diseño de portada: Jess Morphew
Adaptación a la versión en español: Liz Batta
Fotografía del autor: Laurie Coots
Imagen de portada: © Shutterstock
Diseño de interiores: Mariana Alfaro

© 2015, Jan Bruce, Andrew Shatté, Ph.D., Adam Perlam, M.D.
Publicado en español mediante acuerdo con New Life Solution, Inc.

Derechos mundiales exclusivos en español

© 2015, Editorial Planeta Mexicana, S.A. de C.V.
Bajo el sello editorial DIANA M.R.
Avenida Presidente Masarik núm. 111, Piso 2
Colonia Polanco V Sección
Deleg. Miguel Hidalgo
C.P. 11560, México, D.F.
www.planetadelibros.com.mx

Primera edición: octubre de 2015
ISBN: 978-607-07-3112-9

Impreso en los talleres de Litográfica Ingramex, S.A. de C.V.
Centeno núm. 162-1, colonia Granjas Esmeralda, México, D.F.
Impreso y hecho en México - *Printed and made in Mexico*

Quisiera dedicar nuestro libro a mis hijos Jessica y
Oliver, quienes me iniciaron en el viaje de
equilibrarme y han hecho de éste un viaje alegre y gratificante.
Primero, y antes que nada, agradezco a mi esposo Richard,
quien me mostró el significado de tenerlo todo y
hacerlo realidad.

Jan Bruce

A mis padres, Betty y Lloyd, quienes me enseñaron
la importancia de sentido y propósito. También a mi
esposa Verónica y a mis hijos, Vivien y Julian,
quienes le han dado significado.

Andrew Shatté

Quisiera dedicar este libro a mi esposa Laurice y a
mis hijos Sarah, Ben, Matt, Rebecca y Charlie;
ellos me mantienen en equilibrio y me recuerdan
lo que es verdaderamente importante en la vida.

Adam Perlman

Índice

TERCERA PARTE. No te detengas

Agradecimientos

A aquellos que vieron sabiduría en lo que estábamos construyendo y que nos dieron la estructura para mantenerlo. A Laurie Coots, quien nos ha ayudado a ver las inconsistencias en nuestra marca; a Richard Pine, quien la vio, le dio forma y se quedó con nosotros; a Wright Steenrod y David Jones, quienes comparten con nosotros la creencia de que los consumidores tienen el poder de tomar en sus manos la decisión de su bienestar personal; a Terri Trespicio, quien dio forma a nuestras palabras para que las lecciones sean más prácticas que teóricas; a Robin Streit y Elisa Corra, quienes, con firmeza, hicieron posible nuestro desarrollo, y a Teresa Keever por su apoyo en la investigación.

A Debra Goldstein, nuestra escritora imperturbable: gracias de corazón y recibe nuestro cariño; tu talento y tenacidad le dieron vida a este libro. A nuestra editora Heather Jackson, por creer en este proyecto y estar atenta a su desarrollo, y a nuestra directora editorial, Diana Baroni, por su apoyo e inteligencia.

Prólogo

¡Bienvenidos a la revolución del bienestar! Oficialmente, por el simple hecho de tomar este libro eres parte de ella.

Por «revolución» me refiero a que nuestra cultura por fin está despertando ante el hecho de que queremos ser felices y estar sanos, que necesitamos pensar en grande. Por mucho tiempo, muchas personas han seguido respuestas establecidas a sus esfuerzos en cuanto a la salud y el peso; casi era un método infalible: intentábamos con la dieta de moda para perder peso, tomábamos pastillas para mejorar nuestro ánimo o nos automedicábamos con comida y alcohol para apaciguar nuestras mentes atribuladas. Ningún método funcionó. Nos volvimos una sociedad más gorda, enferma, infeliz y estresada.

¿Por qué? Porque, como revelan Jan Bruce, el Dr. Andrew Shatté y Adam Perlman en este revolucionario libro, nos estamos enfocando en las soluciones fugaces en lugar de poner nuestra atención en el problema subyacente. No necesitábamos cambiar lo que pasaba en nuestras vidas y entornos, sino que necesitábamos indagar con profundidad y cambiar lo que pasa *dentro de nosotros*.

He trabajado en la Medicina Funcional los últimos veinte años, y he escrito libros basados en sus principios, que se enfocan en la búsqueda de la salud más que en el tratamiento de la enfermedad. Cada padecimiento tiene una causa más profunda y atiendo a mis pacientes considerando a la persona de manera integral para desentrañar esa causa. Observamos todo: no sólo su desempeño sanguíneo, sino cómo comen y, especialmente, cómo manejan el estrés. Si sólo tratara sus síntomas y obviara este complejo tejido que hay debajo, mis pacientes estarían de regreso en menos de un año. Este método de la persona integral reta las creencias base de aquellos que aún recurren al método de «tómate una pastilla» (también conocido como el de las soluciones rápidas). Irónicamente, como pueden testificarlo millones de pacientes y lectores, cuando te enfocas en mejorar tu salud, automáticamente te deshaces de la enfermedad y del peso extra. Es así de simple.

El nuevo ladrón de la salud es el estrés al causar o empeorar el 95 por ciento de todas las enfermedades. Tener una mente tranquila es clave para la salud, tan es así que es una de mis Siete Llaves al Ultrabienestar. El estrés no sólo nos hace sentir enfermos, también obstaculiza nuestra curación; inunda nuestro cuerpo con hormonas que llenan de grasa nuestro abdomen y sabotea nuestros intentos para bajar de peso. Hay una epidemia de enfermedades causadas por el estrés en nuestra sociedad, desde la depresión hasta la demencia, de la ansiedad a la obesidad. Las industrias farmacéutica y alimenticia aman la epidemia del estrés gracias a que miles de personas recurren a pastillas, azúcar y cafeína «para sentirse mejor». Pero, como ya he escrito en varias ocasiones, la respuesta no está en los anaqueles de las farmacias, ¡sino en nuestra mente!

Es aquí donde entra este libro que cambiará tu vida: es el primer programa de este tipo que va más allá del «tómate una pastilla» al control del estrés. Nada de erradicar el estrés a través de métodos inútiles e instantáneos. ¡Estoy seguro de que ya intentaste eso! Así como puedes tener éxito al perder peso y tener una salud vibrante al cambiar tu estilo de vida, puedes lograr controlar el estrés si aprendes cómo cambiar la forma en la que piensas. Y eso es precisamente lo que *En equilibrio* te enseñará a hacer. Este poderoso programa es un método nuevo y radical de cómo pensar y reaccionar ante el estrés. Los autores —tres guerreros del bienestar en sus respectivos campos— han unido los principios de la medicina funcional, la psicología positiva y estrategias reales para crear un método sistemático con el objetivo de alcanzar la paz mental y la salud que estás buscando.

No tienes que sufrir un día más por los peligros del estrés, no tienes que sentirte cansado, agotado o deprimido ni luchar contra problemas de peso o de salud. Hay una vida mejor, más sana y feliz esperándote. ¡Será tuya al dar este paso de 14 días!

DR. MARK HYMAN

Introducción

La vida puede ser estresante.

No necesitas de nosotros para saberlo. Y probablemente tampoco nos necesites para saber por qué. Listas enormes de cosas por hacer, cargas de trabajo demandantes y fechas de entrega angustiantes, lograr más con menos, hacer malabarismos con los horarios de los hijos, cuidar a nuestros padres, conflictos de pareja... ¡tan sólo leer esto causa estrés!

No es noticia que el estrés crónico le pasa la factura a nuestra calidad de vida: nos enturbia el pensamiento, inhabilita nuestro juicio, daña nuestra salud y relaciones y, quizá lo más importante, nos hace miserables.

Hasta ahora, el conocimiento popular nos dice que aliviemos el estrés con píldoras, masajes, vacaciones. Nosotros no estamos aquí para enseñarte cómo relajarte; no te prometeremos que la respuesta está en una nueva técnica de respiración ni te sugeriremos que apagues tu computadora, teléfono y tableta por una tarde. Sin duda, estos ajustes rápidos ofrecen un respiro que se agradece, pero los resultados son momentáneos y te dejan exactamente donde comenzaste. No es nuestro objetivo «aliviar el estrés»; nosotros buscamos crear una tranquilidad de largo plazo, arraigada y bien sustentada, sin importar lo que la vida te depare.

He aquí una pequeña lista de lo que no te sugeriremos para deshacerte del estrés:

> Encuentra un trabajo nuevo
> Trabaja menos
> Cámbiate a un ambiente de mayor paz
> Termina tu relación
> Reduce tu lista de cosas por hacer
> Involúcrate en un sistema de organización complejo del tiempo
> Despídete de cualquier cosa que te guste hacer

¿Por qué? Porque en realidad *no puedes* aniquilar el estrés, es imposible. El estrés es un factor innegable que se genera en las vidas modernas y movidas. Pero *puedes* aprender a controlarlo en paz y no necesitas cambiar tu vida radicalmente para ello. Si lo piensas, el estrés siempre radica en intentar lograr un equilibrio entre lo que más nos importa: involucrarnos con nuestra familia, trabajo, amigos, preocuparnos por nuestra salud y realizar actividades que nos gustan. Así que como ves, no se trata de deshacernos del estrés, sino de cambiar tu respuesta ante el estrés, y con eso modificarás todo. Te enseñaremos en tan sólo 14 días una nueva forma de responder, y con ello, una nueva forma de vida.

Es casi imposible evitar embotellamientos, jefes demandantes, adolescentes tercos, presiones financieras, fallas de salud y otros retos que tejen la gran red de estrés de la vida moderna. Pero sí puedes controlar el pensamiento que tienes ante estas situaciones, lo que dicta tu respuesta ante el estrés: ésta es la clave, pues es donde obtendrás el beneficio. Cuando comiences a repensar tus reacciones ante estas situaciones, estarás construyendo el mejor antídoto para el estrés: la resistencia.

Al crearte un nuevo sistema operativo, ya no importará que las situaciones estresantes no hayan cambiado porque *tú* sí cambiaste. Te darás cuenta de que puedes hacer muchas cosas que nunca pensaste que lograrías, como concentrarte mejor en el trabajo, resolver problemas eficaz y eficientemente, y comunicarte con mayor claridad. La fatiga y la enfermedad empezarán a disiparse y te sentirás capaz e inspirado para cambiar tu vida de modo que reduzcas tus niveles de estrés. Lo mejor será que podrás redirigir la energía que has gastado en preocupaciones, ansiedad, culpa, tristeza y frustración hacia actividades que son realmente gratificantes: profundizar tus relaciones, comprometerte con un trabajo satisfactorio e incluso disfrutar de tu ocupada vida en lugar de verla pasar volando.

En 2010 creamos *meQuilibrium*, un sistema de *coaching* personalizado e interactivo diseñado para proveer a las personas con métodos probados y medibles para aumentar su resistencia al estrés. Al basarnos en nuestras áreas de experiencia, unimos el método sistémico de la persona y la medicina integral con la ciencia de la resistencia y los principios de la psicología positiva para crear un método que ataque al estrés en todos los niveles. Este programa nos ofrece un acercamiento revolucionario al estrés al cambiar la conversación de cómo puede erradicarse a cómo se puede mejorar significativamente la forma en que se maneja, y al dar habilidades vanguardistas para ayudarte a recuperar —y mantener— el control de tu ocupada vida.

La eficacia de este programa único se ha demostrado en nueve ensayos de investigación. En tan sólo 60 días, los usuarios de *meQuilibrium* reportaron mejoras significativas en cómo se sienten física y emocionalmente, en su habilidad para concentrarse y manejar la ansiedad, y en la satisfacción que perciben en su vida. Desde entonces, varias empresas e instituciones se han suscrito para ofrecer este programa a sus trabajadores, y así el número de usuarios aumenta día con día.

Pero tenemos una misión y no vamos a parar ahí. El programa está disponible para quienquiera (te invitamos a visitar www.mequilibrium.com para obtener más información), pues queremos ofrecer al mayor número de personas que vuelva a tomar el control de sus vidas. Y queremos que lo haga en menos de 60 días.

Escribimos este libro para poner a tu disposición las habilidades clave que necesitas en un programa de 14 días. Piensa en esto como un reinicio de vida: una actualización completa de tu sistema operativo interno que mejora la forma en la que piensas, sientes y vives. El plan contenido en este libro está diseñado científicamente para abarcar los componentes básicos del control del estrés que está comprobado que te darán más que lo que estás pagando. Es decir, si desarrollas estas 14 habilidades, en muy poco tiempo crearás una red de cambios positivos en cada área de tu vida. Dedicamos años a diseñar nuestra metodología, a probarla una y otra vez para asegurarnos de su eficacia, así que lo único que debes hacer es dedicar unos cuantos minutos al día para restablecer tu respuesta al estrés y lo demás sucede por sí solo.

Aprenderás a coexistir pacíficamente con tu estrés y a ser más feliz, a estar más tranquilo, más sano, más productivo y en control de tu vida... y lo harás *rápido*. Lo último que quiere alguien estresado es un programa complicado, que requiera tiempo y ¡que cause más estrés! Las habilidades son fáciles y rápidas de adoptar, así que empezarás a sentir el alivio casi inmediatamente. Al mismo tiempo, están enfocadas al pensamiento y otros factores subyacentes que generan estrés, por lo que los resultados son de largo alcance.

La primera parte del libro ofrece un panorama: qué es, cómo se creó y, lo más importante, por qué funciona. A pesar de que sabemos que estás ansioso por comenzar a cambiar tu vida cuanto antes, de verdad te recomendamos que no te saltes la primera parte del libro, pues abarca las bases del programa.

La segunda parte es un análisis día a día del programa. El material para cada día debe llevarte unos 15 minutos de lectura y puesta en práctica. No necesitas seguir el plan en 14 días consecutivos para que funcione; puedes tomarte un día libre (o más tiempo) cuando lo necesites, pero es importante que sigas el orden que proponemos. Las perspectivas y prácticas de cada día te preparan para las que siguen, así que para obtener los mejores resultados de este libro asegúrate de seguir la secuencia del día 1 al 14.

Después, en la tercera parte, te daremos las herramientas para crear un patrón de trabajo para avanzar y concretar lo que hiciste en hábitos de vida.

Sin duda, la vida puede ser estresante. Pero al interior de su desordenada complejidad también hay alegrías, retos y recompensas que enriquecen la experiencia de ser humano. No queremos que pierdas un minuto más a causa del estrés. Con estas herramientas podrás sortear con gracia las buenas y las malas, y cultivarás la confianza interna inquebrantable que viene de saber que puedes manejar con destreza lo que sea que haya en tu camino.

PRIMERA PARTE

Intranquilos

CAPÍTULO 1

Una nación estresada

Heather, de 46 años, es una mamá que trabaja, está casada y tiene dos hijos (de 14 y 9 años, respectivamente). Si la miraras rápida y superficialmente, pensarías que lo tiene todo resuelto: es buena en su trabajo en mercadotecnia, parece competente y en control; es feliz en su matrimonio, sus hijos están sanos, bien adaptados y destacan en su escuela; tiene amigos cercanos con quienes toma café (o algo más fuerte) ocasionalmente. Su vida es buena.

Pero si rascaras un poco más allá de la superficie y miraras de cerca, verías que Heather es como el pato en el estanque del proverbio: encima del agua, parece que flota sin esfuerzo; sin embargo, sus piernas patalean por debajo con terrible dificultad para mantenerse a flote. En el trabajo tiene la presión constante de obtener más resultados con menos recursos, lo que provoca que Heather vaya del fondo al tope del estrés. Hay dos trabajos que ha realizado en los últimos dieciocho meses: el suyo y el del compañero que fue despedido y aún no ha sido reemplazado, y cuya carga de trabajo no se fue con él, por lo que el plato de Heather se está colmando.

Luego está Heather-mamá, con sus actividades como directora y chofer de sus hijos. El ciclo interminable de citas médicas, ferias de ciencia y torneos de futbol se empalma con frecuencia con los compromisos de trabajo, lo que hace sentir a Heather culpable y dividida, siempre temerosa de decepcionar a su familia o a su jefe. Agrega un coche descompuesto, asuntos de dinero y preocupaciones sobre su madre —quien se cae continuamente, pero se niega a ir a un asilo—… todo esto pone a Heather en la zona de la locura una, dos, tres veces o más a la semana.

Heather rememora cómo solía jugar tenis para liberar la tensión y cómo lleva meses sin poder hacerlo. Y olvídate de lo que era una vida social plena: hace poco encontró la invitación de una boda que ya ocurrió en una pila de papeles que no había revisado ni, mucho menos, respondido. Está subiendo de peso debido a que las horas que duerme por la noche cada vez son menos. La mayoría de los días llega a casa agotada e irritable y, a pesar de que no quiera, se desquita con su esposo en peleas que parecieran no tener solución.

Claro que Heather sabe que el ejercicio le ayudaría, pero significaría quitar tiempo del que pasa con su familia y no quiere eso. Por supuesto que sería ideal trabajar menos, pero tampoco es una opción viable. Heather está muy consciente de que su estrés está afectando su salud, sus relaciones y su calidad de vida, pero no ve la salida. Ella simplemente ha aceptado que así es como son las cosas.

¿Te parece conocido?

Suponemos que vives tu versión de la vida de Heather y no estás solo, ¡todo lo contrario! El estrés se está convirtiendo rápidamente en la epidemia de estos tiempos. En un puesto ejecutivo o desempleados, casados o solteros, somos una cultura de personas muy estresadas. Según una encuesta realizada por la Asociación Americana de Psicología (APA, por sus siglas en inglés) en 2010, 75 por ciento dijo sentirse sobrecargado y presionado al máximo. Piensa en esto: tres cuartos de la población dicen que se sienten al límite de su capacidad. No ha mejorado desde entonces, pues en 2012, 73 por ciento reportó que su estrés se había mantenido o había empeorado. Es un gran número de personas que vive en un estado constante de ansiedad y agobio.

LAS REPERCUSIONES DEL ESTRÉS

¿De verdad es tan malo el estrés? Sí y no. Es una respuesta biológica normal a situaciones de agobio o amenaza que nos ayuda a sobrepasar eventos de mucha presión en nuestra vida. Las maravillosas conexiones de nuestro cerebro nos han provisto con el mecanismo de luchar o huir que nos da el estímulo que necesitamos en circunstancias extremas.

Pero el estrés *crónico* es otra historia.

Nuestro sistema de estrés se desarrolló hace al menos 400 mil años para enfrentar amenazas graves, como escapar de un león, y sin esta respuesta básica no tendrías los reflejos o la velocidad y te convertirías en comida. Pero ahora, le estamos pidiendo a ese mismo sistema de estrés que encare situaciones estresantes constantes y de menor grado, como miedo a recortes de personal, llevar a los niños de una actividad a otra, tener poco tiempo de calidad con la pareja, estar disponible 24/7 para padres que envejecen. Estos agentes estresantes o estresores no son situaciones promedio de pelear o huir. Día con día tenemos ese subidón de adrenalina, una y otra vez, sin un momento de paz una vez que la crisis pasó.

La constancia de niveles altos de estrés desgasta tu cuerpo y tu cerebro. Se parece mucho a pisar el acelerador de tu coche estacionado: si lo haces por mucho tiempo, algo se descompondrá. Nuestros cuerpos no están diseñados para procesar un flujo constante de información y las demandas de vida del siglo XXI ni para digerir un consumo constante de alimentos , y de hecho, nos estamos desmoronando a un ritmo alarmante.

De acuerdo con la Academia Americana de Médicos Familiares, dos de tres visitas que reciben están relacionadas con síntomas causados por el estrés, pues éste eleva el riesgo de padecer enfermedades graves, como cardiopatías o algunos tipos de cáncer. No podemos tomarlo a la ligera: nos está matando el hacer frente a nuestro estilo de vida moderno con el sistema de estrés de un cavernícola.

Podríamos extendernos sobre los efectos que tiene el estrés crónico en tu mente, cuerpo y vida, pero hay grandes posibilidades de que si estás leyendo esto es porque los vives en carne propia. Sabes de primera mano lo que es que el estrés afecte tu concentración, agote tu energía y ponga en riesgo tus relaciones y tu vida. No vamos a dedicar páginas enteras a detallar estos males, pues no necesitas que te convenzamos de que el estrés está obstaculizando tu alegría de vivir, ya que por eso estás aquí.

Si te pareces un poco a esas miles de personas ansiosas, deprimidas y frustradas a diario con las que hemos trabajado, lo único que quieres es sentirte mejor, y en poco tiempo. Quieres dejar de sentir que te jalan en diez direcciones diferentes a la vez y recuperar el control sobre tu vida. Quieres la tranquilidad y la confianza que hay en saber que tienes las herramientas necesarias para manejar lo que sea que venga. Quieres saber cuál es la salida del laberinto del estrés para que dejes de enfrentar y empieces a vivir.

Por eso estamos aquí.

CAPÍTULO
2
Una nueva perspectiva

Es casi seguro que no despertaste un buen día y te diste cuenta de que tu vida y tu bienestar estaban fuera de control. También es muy probable que ya has buscado y que éste no es el primer intento por lograr el equilibrio y por sentirte más comprometido y pleno.

¿Entonces por qué estás aquí, leyendo un libro más? ¿Por qué sigues buscando una solución?

La respuesta está en que los métodos tradicionales para reducir el estrés ofrecen un alivio temporal; no duran porque se basan en una sola perspectiva. La relajación es buenísima y sana, pero es una sola cosa. No va a eliminar tu estrés, así como el negarse a comer una rebanada de pastel una noche no va a hacer adelgazar a alguien.

La meditación, la *biofeedback*, los ejercicios de respiración, ir a pescar o a correr son útiles para liberar presión, pero no son un arreglo permanente. Atienden el síntoma, no la raíz de la causa, así que sus efectos son fugaces. De entrada, un masaje puede sentirse físicamente muy bien e incluso puede calmar tu mente, pero su efecto se vaporiza en cuanto recibes un correo electrónico de un cliente o un colega descontentos.

El estrés no es una simple ecuación de causa y efecto: llega (y se magnifica o minimiza) por toda una serie de factores. Al igual que con cualquier cambio en el estilo de vida, necesitamos una perspectiva multidimensional para manejarlo mejor. Al crear *meQuilibrium* tuvimos como objetivo brindar una perspectiva integral de vida para solucionar de una vez por todas el problema desde dentro; no para erradicar el estrés, sino para enseñarte los secretos para cómo vivir con él en equilibrio.

Es aquí donde radica la diferencia de este programa en comparación con todos los que has intentado antes. Al unir nuestras diferentes áreas de experiencia e investigaciones, hemos creado un sistema probado empíricamente que atacará la matriz de tu estrés desde cada ángulo posible para deshacer su control sobre ti.

LA HISTORIA DE *MEQUILIBRIUM*

En 2009, Jan Bruce dirigía la publicación de bienestar más importante en Estados Unidos. Era una exitosa emprendedora en los medios de comunicación, reconocida por su olfato para las tendencias de salud y que estaba en el momento cumbre de su carrera, en un puesto glamoroso y de alto perfil que muchos habrían envidiado. Además, tenía un esposo amoroso y dos hijos... sería fácil creer que Jan lo tenía todo.

Sin embargo, a pesar del éxito, Jan se sentía acabada. Al igual que Heather, estaba todos los días de la semana, todas las horas, con poco o ningún respiro, y las cosas empezaron a salirse de control. Y ella no era la única. Al estar en contacto con los ejecutivos más prominentes y exitosos de los medios de comunicación y de la industria de salud y bienestar, Jan vio cómo ellos —la gente que tenía el conocimiento y los recursos necesarios para tener una buena alimentación, ejercicio, descanso, equilibrio entre vida y trabajo, y rejuvenecimiento— sufrían también para lograrlo. En donde se fijara, personas inteligentes y conocedoras estaban frustradas, abrumadas y agotadas.

Sí, Jan era una experta en bienestar y una vida sana, sin embargo, era incapaz de solucionar su propia vida. Fue cuando se dio cuenta de qué estaba pasando: si alguien como ella, con todo ese conocimiento sobre bienestar, no podría encontrar el equilibrio, se necesitaba una solución mejor.

Un día, Jan hablaba con un colega cercano sobre las últimas tendencias en salud y se dieron cuenta: según el Centro de Control de Enfermedades (CDC, por sus siglas en inglés), se gastaban $847 mil millones al año para combatir el estrés y 60 por ciento de los gastos en salud era en enfermedades prevenibles y de estilo de vida, como la obesidad. Gracias a sus instintos, Jan señaló al estrés como la siguiente frontera en un estilo de vida saludable. Así como el ejercicio y la nutrición en las décadas pasadas, era el momento de que el estrés saliera de la oscuridad. Demasiadas personas estaban en busca del equilibrio, sin ningún poder sostenible para lograrlo. Se dio cuenta de que era el momento de crear un método de estilo de vida para manejar el estrés y que no se tratara sólo de una dieta de moda, sino de un sistema integral, accesible y práctico que ayudara a las personas a tener control sobre sus ocupadas vidas y así recuperar el equilibrio.

Jan se dispuso a reunir a las mentes más brillantes para lograrlo. Al primero que contactó fue al Dr. Andrew Shatté, un psicólogo reconocido, profesor investigador en el Colegio de Medicina de la Universidad de Arizona y miembro de la Brookings Institution. Es autor de *El factor de resistencia* y experto en el tema. Ha dedicado más de veinte años a investigar la resistencia y a desarrollar habilidades para potenciarla, y ha diseñado programas de resistencia que se aplican a nivel mundial.

> «El estrés es la nueva grasa. Nos enferma, nos drena emocionalmente y disminuye nuestra calidad de vida.»
> **Jan**

El trabajo de Andrew ha demostrado que la resistencia es una habilidad básica que puede tener efectos positivos en diversos escenarios, incluyendo prevenir la depresión entre niños en riesgo, ayudar a jóvenes adultos en sus primeros reveses al entrar a la universidad y a mejorar la productividad y el desempeño en organizaciones como la NASA o las 100 compañías de *Fortune*. Gracias a estos resultados significativos, Jan y Andrew se dieron cuenta de que la resistencia es el antídoto por excelencia para el estrés.

Andrew tenía un récord inigualable en ayudar a las personas a cultivar esta habilidad importantísima. Lo que sentimos y hacemos al estar ante la adversidad (nuestra resistencia) está determinado por nuestros pensamientos —lo que Andrew llama nuestros patrones de pensamiento. Construimos nuestra resistencia al modificar la forma en que pensamos. Andrew clasificó los patrones de pensamiento que impactan el estrés y desarrolló herramientas específicas y probadas para cambiar cómo respondemos ante los retos.

Así le dio los «dientes» al programa para que las personas puedan poner fin a este mal (el estrés), lo que es maravilloso. Pero Andrew sabía, gracias a su trabajo en psicología positiva, que para que perdure es necesario trabajar con lo positivo. Forjamos nuestra

«El sitio más importante para comenzar a sacar provecho de nuestro estrés no es lo que hacemos, sino lo que pensamos.»
Andrew

resistencia a partir de cómo pensamos y la aseguramos al agregar protecciones naturales contra el estrés, como experimentar emociones positivas —felicidad, contención, orgullo y alegría— y que nuestra vida y nuestro trabajo tengan sentido y propósito.

Las habilidades importantes que él ha diseñado para limpiar lo malo y anclarte a lo bueno —y que encontrarás en este libro— son la base de *En equilibrio*.

Con Jan y Andrew tenemos cubiertas las habilidades mentales y la aplicación en la vida práctica, pero aún hay más. El estrés tiene tentáculos en todas las áreas de nuestra vida y, por supuesto, de nuestro cuerpo. Sabíamos que necesitábamos a alguien experimentado en enfrentar esta red de estrés, y ¿quién mejor que uno de los médicos integrales más reconocidos de Estados Unidos? Fue entonces que nos pusimos en contacto con el Dr. Adam Perlman, director ejecutivo de Medicina Integral de la Universidad Duke y una de las voces cantantes en la revolución del cuidado médico. La experiencia médica de Adam aporta las habilidades esenciales para atacar las manifestaciones más importantes del estrés en el cuerpo (insomnio o sobrealimentación), y su conocimiento, tanto clínico como por experiencia, de la poderosa conexión entre mente, cuerpo y estilo de vida nos ayudó a completar el programa.

Hay muchas cosas que tienen un impacto en nuestra salud y nuestra calidad de vida en general, como explica Adam: lo que comemos, si hacemos ejercicio (o no), nuestras relaciones, así como nuestro sentido de significado y propósito. En la medicina tradicional se suele pensar sólo en la salud física. Pero, ¿qué pasa con el entorno, las relaciones, la espiritualidad, incluso con nuestra misión de vida? La medicina integral abarca a toda la persona y cómo elementos individuales de la vida trabajan para bloquear u optimizar nuestro bienestar físico y mental.

«La raíz de la palabra *salud* no es *curar*, sino *hacer un todo*. Ese es el corazón de la medicina integral y de nuestro método.»
Adam

Pasa lo mismo con el estrés: tiene causas y consecuencias en nuestra mente, salud física, nuestras emociones, nuestros hábitos de vida y entornos. Una vez que todos estos factores se entretejen para hacer de ti quien eres, también incluyen al estrés. Todos están interconectados y tienen efectos los unos en los otros. Por ejemplo, es difícil pensar con claridad o regular tus emociones si no estás durmiendo bien. Si no piensas con claridad, te rezagarás en tu trabajo y te sentirás abrumado ante lo que parecerán problemas irresolubles... lo que te generará más estrés. Todo está conectado.

Para atacar el estrés, necesitamos pegarle desde todos los ángulos y eso es justo lo que hacemos con este programa. A través de la combinación de nuestras áreas de experiencia y de profundas investigaciones, hemos aislado 24 factores raíz que tienen un impacto en el estrés (algunos lo generan, otros lo magnifican y otros lo alivian o neutralizan) y creamos un sistema práctico que transforma cada área. Nuestro programa ha cambiado sustancialmente la vida de miles de personas y ahora es tu turno.

El estrés no es un reconocimiento. Sentirte abrumado no es inevitable ni una situación que debemos soportar y sobrepasar. No podemos erradicarlo completamente, pero sí podemos manejarlo y es ahora que debemos aprender a vivir con él.

Así como controlas tu peso, manejar tu estrés se trata de estar consciente de tus decisiones y de decidir mejor, así como de replantear tus pensamientos para que tus hábitos sustenten —y no saboteen— tu bienestar. Se trata de crear un estilo de vida que involucre tu mente, tu cuerpo y tus sistemas de apoyo para que el verdadero equilibrio se convierta en un estilo de vida integral y arraigado.

Lo que diferencia a este programa de todos los que has probado es que no te enseña sólo cómo aligerar el estrés, sino que te muestra cómo ir más hacia la causa raíz y cómo crear un centro de paz sostenible. Así puedes enfrentar con gracia los retos y situaciones estresantes de la vida. Este es un método completo de cuerpo-mente, interior-exterior que te brinda un resultado duradero.

LA RECOMPENSA

Iniciemos con lo que es más importante: tú. ¿Qué es lo que vas a obtener de todo esto? Aquí están los resultados que tendrás al dedicar de 15 a 30 minutos diarios los siguientes 14 días:

Enfrenta tu patrón de pensamiento

Tu resistencia determina tu capacidad de mantenerte a flote, lo que se traduce en tus niveles de estrés y tu calidad de vida. Así que, ¿qué determina quién es resistente y quién no? ¿Qué hace que una persona se recupere de la adversidad y otra sucumba?

La respuesta está en los *patrones de pensamiento*. Uno de los ingredientes clave de la resistencia es la capacidad de controlar tus emociones y comportamientos, y eso significa que seas capaz de controlar tus pensamientos. Como veremos más adelante, la forma en que pensamos tiene una gran influencia en cómo manejamos el estrés. Si queremos obtener todos los beneficios de la resistencia y controlar el estrés, tenemos que trabajar con nuestros patrones de pensamiento.

Los patrones de pensamiento son los modos conocidos con los que vemos el mundo y nuestro lugar en él; dictan la forma en que nos vemos, nuestras circunstancias, nuestro futuro... incluso la manera en la que creemos que el mundo y nosotros debiéramos ser.

«Más que la educación, más allá de la experiencia, es la resistencia la que determina quién tiene éxito y quién fracasa, quién se siente satisfecho con su trabajo y sus relaciones, quién tiene salud emocional y quién es feliz.»
Andrew

El problema radica en que desarrollamos hábitos alrededor de cómo pensamos y lo hacemos porque es rápido, pero es ineficiente porque nuestros hábitos mentales, por lo regular, están mal. Una de las razones por las que tenemos tanta dificultad en el conflicto trabajo-vida es porque estamos usando los mismos patrones (equivocados) de pensamiento.

Esa es la diferencia: incluimos a tu cabeza en este juego. Te mostraremos con claridad cómo tu pensamiento tiene un efecto profundo en lo que sientes y haces. Aprenderás a pensar de manera diferente para que seas más preciso en el juicio que haces de las situaciones, a reconocer patrones de pensamiento problemáticos y a aprender a navegar alrededor de ellos para cambiar su efecto.

Con este programa aprenderás a:

> Identificar tus trampas mentales recurrentes.
> Borrar los pensamientos que nublan tus habilidades para resolver problemas.
> Liberarte de las emociones negativas injustificadas que te hunden.
> Recobrar el control de tu respuesta ante los retos de la vida.
> Recuperar tu tiempo.
> Lograr el equilibrio entre tu trabajo y tu vida.
> Mantener la calma aun bajo presión.
> Recobrar tu claridad y concentración.

El resultado: tendrás mucho más poder y te sentirás con las herramientas necesarias para sacarte de los conflictos causados por el estrés, y te sentirás capaz de fluir con gracia en las subidas y bajadas de tu día a día.

Quitar los obstáculos hacia una vida sana

Eres inteligente. De manera intuitiva sabes que tu cuerpo tiene lo necesario para evitar el estrés si tiene el estímulo de la alimentación correcta, si tu energía y tu humor son potenciados por el ejercicio, y si obtienes un descanso restaurador y duermes bien. Seguramente habrás conocido ya un buen número de pasos a seguir para vivir mejor que incluyen una dieta, ejercicio y organización de tiempo, y sabemos que has intentado de verdad vivir una vida lo más equilibrada y sana que has podido. Sabemos que quieres una vida más sana, tranquila y saludable, pero, ¿por qué no es así?

En primer lugar, porque el estrés es un callejón sin salida: mientras más estresado estás, eres menos capaz de realizar los cambios que ayudarán a eliminarlo. El estrés agota nuestra energía y motivación, y nos deja tan consumidos que ni nos cuidamos para salir adelante. Piénsalo: ¿qué tan motivado te sientes para preparar una comida sana o para hacer ejercicio si estás agotado? Cuando tienes problemas en el trabajo, ¿qué tan probable es que busques actividades que te animen? Si te sientes abrumado con la cantidad de cosas que tienes que hacer, ¿qué tan probable es que te des unos minutos de paz para refrescarte y recuperar ánimos para que al día siguiente continúes con tus pendientes?

En segundo lugar, se debe al razonamiento defectuoso. Cada vez que nos enredamos en un comportamiento que parece de autosabotaje o absurdo, hay una razón para ello: hay fuerzas (también conocidas como patrones de pensamiento) que te hacen actuar igual que siempre, y te mostraremos cómo deshacerte de esas fuerzas para que no te hagan actuar igual que siempre.

Si antes has intentado hacer cambios sin tener éxito, se debe a que has querido cambiar a nivel de comportamiento, en lugar de cambiar los pensamientos subyacentes detrás de esos comportamientos. Si queremos que permanezcan, los cambios en el estilo de vida no pueden hacerse sólo al nivel de la superficie. Si no vas más allá y trabajas en tu modo de pensar, en realidad *no puedes* cambiar, es imposible. A pesar de que avances un poco, el cambio no perdurará, debido a que tus viejas trampas de pensamiento y los errores que has cometido en el pasado sobrepasarán estos cambios

> «Idealmente, no quieres esperar a hacer cambios de vida para manejar tu estrés hasta que tengas que enfrentarte a una crisis de salud. Eso es como aprender a usar una pistola de clavos el día en que necesitas construir una casa.»
> **Adam**

de comportamiento. No es un fracaso de tu voluntad, sino que estás fallando ante algunas sencillas trampas en cómo ves el mundo que te impiden salir airoso.

No vamos a insultarte con una nueva dieta, otro tipo de ejercicio o un nuevo plan para organizar tu tiempo; queremos darte las habilidades esenciales que te han faltado para hacer que esto funcione.

Aprenderás a:

> Identificar y controlar tus patrones de pensamiento y disparadores que te han alejado de tus esfuerzos en el pasado.
> Dormir mejor, por más tiempo y sanamente.
> Usar el ejercicio para sacar el estrés.
> Controlar con facilidad tus hábitos de alimentación.

Haremos que dejes de sentirte muy ocupado, atrapado, exhausto o demasiado estresado para hacer cualquier cosa en favor de tu salud física y de sentirte con energía, motivado y con las estrategias comprobadas para hacer que tus nuevos hábitos de bienestar permanezcan.

Reforzar tus protecciones naturales contra el estrés

> «La felicidad no es el opuesto del estrés, tampoco sentirte pleno o inspirado. Es, simplemente, no estar estresado. Incluso si pudieras erradicar el estrés, arreglar lo que está descompuesto, sólo puede dejarte en el punto cero. Pero, ¿quién quiere vivir su vida en ceros? Queremos —y podemos— vivir nuestras vidas muy positivamente.»
> **Andrew**

El tener un sentido y propósito, alegría y risas, relaciones de apoyo, una conexión profunda con algo más grande que tú, son experiencias positivas que van mucho más allá de sólo hacerte sentir bien. Así como el ejercicio, comer sanamente y dormir bien, todas las anteriores son protecciones naturales contra el estrés.

Si estás estresado, lo último que quieres escuchar es que necesitas sentirte más pleno o poner un sentido o propósito a tu vida. ¡Por favor, si estás intentando arreglártelas! Haremos que llegues a ese punto, pero para mantenerte ahí, necesitamos llevarte al campo de lo positivo.

Este programa va mucho más allá del manejo del estrés: es un sistema integral de vida para crear satisfacción y equilibrio de larga duración. Sabemos que quieres vivir una vida plena y feliz, y sólo estás haciendo frente a los obstáculos. Te vamos a ayudar a quitar esos obstáculos y te daremos habilidades específicas para que llegues a lo mejor. (Si estás leyendo esto y piensas: «No tengo tiempo para ajustarme a nada bueno», te pedimos que tengas fe. Al terminar este programa, dominarás habilidades que te darán mucho más tiempo del que jamás imaginaste para disfrutar de tu vida.)

En los próximos 14 días, obtendrás habilidades específicas para:

> Desterrar el agotamiento.
> Cargar la balanza de lo bueno y lo malo en tu vida a tu favor (mientras tengas más bueno, lo malo tiene un impacto menor).
> Recargar de energía tu trabajo.
> Identificar tu propósito más profundo y acercar fácilmente tus acciones a tus objetivos.
> Aprovechar la profunda fuente de resistencia que hay en conectar con algo más grande que tú.
> Llenar de nuevo tu vida con satisfacción y alegría.

Logra estar *En equilibrio*

Después de todo, por eso estás aquí, *En equilibrio* es mucho más que un programa, es un estado mental. Al final de estas dos semanas, te encontrarás en ese estado de dicha, placer, equilibrio y vitalidad que sabemos que estás buscando. Nada de sentirte abrumado, ansioso o a la deriva. Olvídate de luchar por simplemente «no estar estresado» o de tener un alivio temporal. Buscar una tranquilidad sostenible será cosa del pasado y será momento de disfrutar en paz tu vida al máximo.

SEGUNDA PARTE

El reinicio de los 14 días

CAPÍTULO 3

14 días para estar *En equilibrio*

Hemos condensado en 14 días las habilidades esenciales que te pondrán de nuevo en control de tu vida. El flujo de estas habilidades fue diseñado científicamente para que disminuya tu nivel de estrés cada vez más. Hemos visto cómo algunos de nuestros clientes mejoran en un solo día. Te presentamos este programa para que obtengas el mayor beneficio en el menor tiempo posible para motivarte a continuar.

El reinicio de los 14 días es muy fácil de seguir, todo lo que necesitas es dedicar de 15 a 30 minutos por día. Eso es todo: 15 a 30 minutos diarios durante 14 días para cambiar tu vida por completo. Es una pequeña inversión de tiempo para obtener una gran recompensa. Cada día, te guiaremos a través de cada una de las habilidades clave al darte instrucciones exactas sobre cómo ponerlas en práctica inmediatamente en tu vida diaria. Lee el material y sigue nuestras indicaciones para escribir tu plan diario para llevar a cabo esa habilidad. Eso es todo. Nosotros ya hicimos lo demás.

Cuando crees que vale la pena, los hábitos correctos son fáciles de adoptar y mantener. Necesitas ser tu prioridad número uno. Todos tenemos una

«Nunca puedes tener de regreso el ahora. Los pequeños eventos por los que te preocupas sólo tienen un impacto pequeño a largo plazo. ¿Qué tanta vida has perdido por estar ansioso ante los pequeños eventos? O la pregunta más importante: ¿cuántas horas y días te quedan, y cómo quieres usarlos?.»

Adam

idea de cómo nos gustaría que fuera nuestra vida. Pero lo difícil está en poner en práctica nuevos hábitos que remplacen a los negativos. A pesar de que no sea fácil, hay pocas cosas que pueden cambiar tu vida de manera tan contundente como saber cómo manejar tu estrés. Sólo tienes que creer que tu vida se lo merece.

Porque sí se lo merece.

Calma tus emociones

Recompensa: liberarte de emociones que te debilitan
y tener una mayor reserva de serenidad y claridad

El estrés como lo conocemos es un sentimiento. Cuando estamos en una zona positiva de felicidad, orgullo, plenitud y gusto, la vida es bastante buena. Estamos en control y contenidos. Pero cuando somos succionados por un torbellino de emociones negativas —como ansiedad, enojo, frustración, tristeza y culpa—, nos sentimos doblemente mal porque esas emociones nublan nuestro pensamiento y evitan que resolvamos los problemas de manera efectiva. Si alguna vez te has sentido demasiado ansioso o frustrado para pensar claramente o hacerte cargo de una situación, sabes de lo que estamos hablando.

> «Quizá no podamos resolver lo que sea que suceda con nuestros hijos o en el trabajo, pero podemos ayudarte a que regules la emoción de manera que te hagas cargo de esas situaciones de manera efectiva. Estarás más tranquilo y en control.»
> **Andrew**

En el día 1, la primera habilidad es la regulación de emociones, pues tener control de lo que sientes es la parte más importante del manejo del estrés. Es la número uno de nuestra lista de 24 factores que afectan el estrés en general. Vamos a mostrarte una herramienta poderosa para que te deshagas de tus sentimientos negativos, injustificados e inmerecidos. Puedes cambiar tu vida, literalmente, con esta habilidad.

Las emociones son una parte natural de la existencia humana. Pero las oleadas de sentimientos negativos pueden ser agotadoras e impedir nuestra capacidad para funcionar, lo que hace que los eventos estresantes causen aún más estrés. El objetivo no es erradicar las emociones, pues hasta cierto punto nos protegen o nos motivan. No nos levantaríamos del sillón si no sintiéramos ansiedad. En cambio, queremos neutralizar emociones poderosas cuando *no están justificadas,* pues absorben nuestra energía para resolver problemas al desperdiciar recursos muy valiosos con problemas imaginarios y no darles el mérito que merecen a los que requieren de nuestro mejor pensamiento. Nuestro objetivo es que no pierdas ni un minuto en una emoción negativa que no es real ni justificada.

La regulación de las emociones (la habilidad de controlar las emociones negativas desbocadas y mantenerte concentrado en tu meta) es la piedra angular de la resistencia, que, como sabes, es el antídoto para el estrés, así que puedes imaginarte por qué es clave regular las emociones.

PREPARADO, LISTO, CALMADO

¿Cómo le hacemos para lograr la regulación de emociones? Modificamos y desafiamos los pensamientos que determinan nuestros sentimientos. Cada emoción que tenemos es causada por un pensamiento, por ejemplo: pensar sobre una amenaza en el futuro causa ansiedad («Podrían correrme de mi trabajo»), sobre un abuso, genera rabia («¡Ése era mi lugar de estacionamiento!»); los pensamientos sobre pérdidas disparan la tristeza («Él ya no me ama»); pensar en no cumplir tus expectativas causa vergüenza («No hice lo que dije que haría»). Estos pueden ser algunos de los cientos de pensamientos que tenemos a diario, como la lista constante de noticias que vemos en televisión. Nos hemos acostumbrado tanto a este flujo de información que casi ni lo notamos, pero ahí está todo el tiempo. Llamamos a esta oleada de pensamientos tu *flujo de pensamientos*.

FLUJO DE PENSAMIENTOS: La oleada de pensamientos que tienes constantemente, como ruido de fondo, que determina tus emociones de manera inconsciente.

Los flujos de pensamientos surgen como un resultado directo de lo que Andrew llama nuestro *radar emocional*: así como desarrollamos hábitos para vestirnos o cómo hablamos, también lo hacemos para lo que pensamos. Algunos de nosotros nos enfocamos en los riesgos futuros (que generan ansiedad), otros en abusos de sus derechos (que provocan enojo) o en cómo abusaron de los derechos de otros (el pensamiento sello detrás de la culpa). Estas tendencias de visualizaciones *son* tu radar emocional.

RADAR EMOCIONAL: Nuestra manera habitual de visualizar
lo que nos está pasando y lo que sucede a nuestro alrededor.

Este radar es la forma en la que percibes el mundo y cómo tu cerebro busca pistas para saber qué es lo que está pasando. El problema es que tu radar tiene visualizaciones muy limitadas. Por ejemplo, si tu radar está en la frecuencia del enojo, estará buscando las situaciones en las que diga: «¡Carajo, han abusado de mis derechos!»; un radar en la tristeza busca en el mundo lo que has perdido o te hace falta. Cuando tu radar encuentra, tus emociones se disparan.

El problema radica en que tu radar emocional puede ser tan fuerte y automático que te hace sentir emociones que no están justificadas y que potencian el estrés, nublan tu pensamiento y tu habilidad para resolver problemas, lo que te pone trabas para librarte de situaciones llenas de presión. Sin duda hay momentos en los que nos sentimos justificadamente enojados, ansiosos o tristes, pero hoy nos enfocamos en la porción de tiempo que somos dominados innecesariamente por estos sentimientos. Si no nos damos cuenta de ello, nuestro radar emocional hace lo que sabe y nos puede hacer sentir mal sin preguntarnos si lo que sentimos está justificado.

Una vez más: si alguna vez te sientes tan enojado, tan ansioso o tan *lo que sea* que no puedes enfrentar la situación de manera calmada, sabes a qué nos estamos refiriendo. Todos nos hemos sentido así, pero la buena noticia es que podemos darte la solución.

LAS SIETE GRANDES EMOCIONES

Hay siete emociones negativas básicas que tienen la capacidad de aumentar nuestro nivel de estrés: enojo, ansiedad, frustración, tristeza, culpa, vergüenza y pena. Podemos sentir una mezcla de emociones en cualquier momento, pero 99 de 100 personas pueden señalar el sentimiento que tienen la mayoría del tiempo. ¿Cuál es el sentimiento que tienes cuando te pasa algo malo? ¿Ansiedad? ¿Enojo? Esa es tu emoción por *default*, es en la que está la frecuencia de tu radar y por ello es la que visualiza al buscar cualquier escenario que encienda tu pantalla emocional y acabe con tu equilibrio.

LA FUENTE DE LOS RADARES EMOCIONALES: ¿Qué hace que una persona visualice la pérdida, mientras otra busca violaciones a sus derechos? Evidentemente heredamos los hábitos de pensamiento del radar emocional de nuestros padres y del ambiente formativo en el que nos criamos. Por ejemplo, si creciste con un papá que siempre estaba buscando quién iba a perjudicarlo, probablemente habrás heredado esa tendencia a buscar violaciones a tus derechos. Si tus padres fueron sobreprotectores, probablemente tengas la creencia de que el mundo es peligroso y busques amenazas en el futuro.
Afortunadamente, no tenemos que vivir a merced de nuestro radar emocional: una vez que somos conscientes de él y aprendemos las herramientas para desengancharnos de las emociones, recuperamos el control y nuestra calma.

La mayoría va por la vida con la creencia de que la situación en la que está es la que determina cómo se siente, pero en realidad no es así. En ese caso, cada uno de nosotros reaccionaría exactamente igual ante ciertas situaciones y es evidente que no lo hacemos. Hay una variable muy importante: *lo que pensamos* sobre la situación en la que estamos.

Imagina, por ejemplo, que te encuentras en una fila larga para sacar tu licencia de manejo. Si estás en la frecuencia de la frustración, probablemente entres, veas la fila e inmediatamente te concentres en que no tienes control sobre tu lugar en la fila o la velocidad con la que avanza; con enojo, quizá te enfoques en el abuso a tu derecho de un buen servicio; y con tristeza, puedes concentrarte en lo que te estás perdiendo por estar en la fila, como tiempo valioso con tu familia. Tu radar emocional es el que trabaja en cada uno de estos escenarios.

Todo lo que nos pasa está filtrado por nuestro sistema de creencias. Detrás de cada sentimiento hay una creencia, y esta afecta cómo vemos las cosas y la forma en que respondemos a ellas. En otras palabras, el sentimiento quizá no sea un resultado directo de lo que en realidad está pasando, sino de lo que *creemos* que está pasando. Al cuestionar la creencia tienes la oportunidad de valorar un sentimiento en su justa dimensión.

Vamos a hacer una prueba de realidad.

Imagina que has trabajado durante muchas horas en las últimas semanas para terminar un proyecto importante. Día tras día has estado al máximo y pasadas unas semanas, llegas tarde a casa, después de un día difícil y en cuanto entras a tu casa te das cuenta inmediatamente de la frialdad en el ambiente. Nada está bien: en la puerta, tu pareja te confronta y te dice: «¿Sabes qué? Estoy harta. Eres un adicto al trabajo y esta relación simple y sencillamente no es tu prioridad».

En ese momento, ¿qué pensamientos pasarían por tu mente? ¿Cómo te sentirías y qué harías?

El radar del enojo

En estas situaciones, el enojo es una respuesta muy común. Tu cara enrojece, se tensan tus músculos y tu corazón empieza a palpitar. Tu flujo de pensamientos quizá sea como éste: «No puedo creerlo. No estoy trabajando en esto por gusto. Estuvimos de acuerdo en un estilo de vida, un par de hijos, una hipoteca y dos carros. Para tener este estilo de vida, necesito conservar mi trabajo. Honestamente, agradecería un poco de apoyo de tu parte en este momento».

Como ahora sabes, el flujo de pensamientos de enojo se trata de sentir que hay una violación a tus derechos (en este caso en particular, el derecho a tener el apoyo de tu pareja en un momento de necesidad). Para algunos, no se trata de un caso aislado, pues desde su infancia operan con un radar incorporado para buscar violaciones: ¿quién se está aprovechando de mí? ¿Cómo y en dónde me están engañando? La verdad es que si buscas algo intensamente, lo vas a encontrar, incluso si no está ahí o está mal orientado. En palabras de Aristóteles: «Cualquiera puede enojarse, eso es sencillo. Pero enojarse con la persona correcta, en el grado y momento adecuados, y por la razón y de la manera correcta... eso no lo puede hacer cualquiera y no es fácil».

DATO DE ENOJO: Enojarte causa estrés no sólo en tu cabeza, también en tu corazón. De acuerdo con un estudio publicado en el Journal of the American College of Cardiology, el enojo desencadena impulsos eléctricos en el corazón que pueden incrementar la probabilidad de tener arritmias. Otros estudios han demostrado que los pacientes que tienen ataques cardiacos con frecuencia reportan haber estado enojados justo antes del infarto.

El radar de la ansiedad

¿Cuántos de ustedes se sentirían al menos un poco ansiosos si su otra mitad los enfrentara con el mismo argumento de la adicción al trabajo? La ansiedad nos provoca mariposas en el estómago, hormigueo en los dedos, que se enfríen nuestros pies, se nos seque la boca y se acelere nuestro pulso. Tu flujo de pensamientos se parece a esto: «Esto no está bien, alguien tiene que ceder: ya sea mi carrera o mi relación».

Los pensamientos que alimentan la ansiedad son sobre el miedo a percibir una amenaza en el futuro. Así como pasa a quienes tienen un radar de enojo con el abuso, si buscas detenidamente por un peligro, lo vas a encontrar, a pesar de que en realidad no esté ahí. Mark Twain escribió: «He pasado por situaciones terribles en mi vida, algunas de ellas en realidad sucedieron».

El radar de la frustración

Quizá en lugar de (o además de) sentirte enojado, te sientas frustrado por este desencuentro. Una vez más, es una respuesta común. La frustración es un híbrido físico que mezcla la inquietud de la ansiedad con el arrebato del enojo.

Tus pensamientos pueden ser algo como: «No hay nada que pueda hacer. No tengo opción. Preferiría estar más tiempo en casa, pero no puedo, tengo que estar en el trabajo». Es el clásico sentimiento de estar entre la espada y la pared. Si este radar es el que acostumbras, estás dentro del paquete de creencias conocido como falta de recursos. Para algunas personas no se trata de un hecho aislado, pues su radar está sintonizado para enfocarse más en los recursos que no tienen que en los que sí poseen. Este radar los hará ver todas esas cosas que no tienen como enormes, mientras que las que sí poseen parecerán microscópicas.

El radar de la tristeza

La tristeza aparece en nuestros cuerpos como un gran peso que nos hunde; hay quien describe esa sensación como la de moverse lentamente, como si se pasara a través de melaza. Con frecuencia, la tristeza trae consigo la sensación de estar al borde de las lágrimas.

El flujo de pensamientos de tristeza para el mismo escenario sería así: «Pensé que nuestra relación era más fuerte. Pensé que ambos entendíamos y que estábamos en sintonía sobre mi trabajo». La creencia principal de aquellos sincronizados profundamente con la tristeza es la de pérdida; quizá se trata de una pérdida real —como un trabajo, una relación e incluso la cartera— o quizá es la pérdida de su autoestima o de valor propio, como cuando piensas que eres bueno para algo y de repente te das cuenta de que no lo eres, por ejemplo: «Pensé que me había ido muy bien en la entrevista, pero veo que no al no quedarme con el trabajo». O quizá es lo que los psicólogos llaman la brecha idea-realidad, en el caso de: «Pensé que mi relación estaba muy bien, pero ahora veo que está muy mal». Mientras más amplia sea la brecha entre la idea y la realidad, más grande es la tristeza.

EL LADO POSITIVO DE LAS EMOCIONES BAJAS. Las emociones son un regalo biológico y evolutivo. Por ejemplo, cuando estamos tristes o en duelo, bajamos nuestro ritmo; hace miles de años eso habría significado que fuéramos comidos por un depredador. La tristeza nos lleva a retraernos, quedarnos dentro (en cavernas o donde sea) y a salvo hasta que nuestras fuerzas y capacidades estén de vuelta. En el caso de las otras emociones también hay razones similares, como en el caso de la ansiedad ante el peligro en el que activamos nuestra respuesta de luchar o huir, o como cuando nos sentimos culpables porque hemos pasado por encima del otro y no hemos arreglado esa reja (un signo valioso de que somos una especie interdependiente). Así que como verás, no buscamos erradicar nuestras siete grandes emociones negativas, sólo queremos evitarlas cuando no estén justificadas.

El radar de la culpa

Aquellos que tienen la culpa como su emoción por *default*, conocen muy bien cómo lastima. La culpa combina la inquietud de la ansiedad con el pesar de la tristeza. El radar de la culpa está sintonizado para buscar cómo y cuándo has violado los derechos de los demás. Siguiendo con nuestro escenario imaginario de la confrontación con tu pareja, tu flujo de pensamientos de culpa sería así: «Tiene razón. Mi familia se merece algo mejor y los estoy decepcionando. Debería de pasar más tiempo en casa».

El radar de la vergüenza

Además de la inquietud, el ingrediente extra que da la vergüenza es el deseo de salir corriendo de la situación lo más pronto posible. Aquellos cuyo radar está sintonizado con la vergüenza buscan situaciones en las que su reputación se vea dañada ante el otro, y pueden pensar algo como esto: «Pensaba que estaba haciendo bien las cosas, encargándome de tantas cosas a la vez, pero no es así y él/ella ve que no puedo con esto».

Radares emocionales

SENSACIÓN FÍSICA	EMOCIÓN	FLUJO DE PENSAMIENTOS
Sonrojo o cara caliente, puños o dientes apretados, ritmo cardiaco acelerado	Enojo	«Violaron mis derechos.»
Fuertes palpitaciones, músculos tensos, boca seca, mariposas en el estómago, mareo	Ansiedad	«Va a pasar algo malo.»
Arrebato de enojo mezclado con la inquietud de la ansiedad	Frustración	«No tengo los recursos que necesito.»
Sentir que cargas un gran peso, moverte lento, estar al borde de las lágrimas	Tristeza	«He perdido algo.»
La agitación de la ansiedad mezclada con el pesar de la tristeza	Culpa	«He violado los derechos de alguien más.»
Inquietud, agitación, cara sonrojada, fuerte deseo de huir, sentir que los demás te juzgan o te miran	Vergüenza	«He perdido el respeto de alguien más.»
Vacío en el estómago, sentir constantemente que has hecho algo mal, inclinar la cabeza o evitar el contacto visual	Pena	«He deshonrado mis principios.»

El radar de la pena

La pena se siente como un hoyo en el estómago o como sentir constantemente que has hecho algo mal. Aquellos que sienten pena tienden a inclinar la cabeza y desviar la mirada. Una persona que respondería con pena a nuestro escenario imaginario tendría un flujo de pensamientos que murmuraría: «Sé que debería de poner en primer lugar a mi familia y con esto me decepciono a mí mismo». Si observamos las creencias sobre la pena veremos que son sobre romper nuestras propias reglas.

ACTÚA

Para tomar el control de tus emociones necesitas una habilidad que llamamos Atrápalo, Localízalo, Elimínalo (ALE para abreviar), que es básica en el programa para que puedas contactar con lo que te lleva al borde emocional y cognitivo. Te ayudará a analizar qué es lo que pasa en una situación de mucho estrés y a evaluar si tu reacción es adecuada o si se trata de un hábito que exacerba la situación. La clave está en entender qué estás sintiendo y pensando para saber si en ese momento te ayuda o te hace daño, así puedes responder de manera adecuada desde un lugar sereno, con la cabeza fría y el pensamiento claro. Este método aparecerá de diferentes formas varias veces en el programa, es muy poderoso y sorprendentemente fácil.

Cada vez que un arranque de sentimientos negativos amenace con descarrilarte, sigue estos tres pasos:

1. **Atrápalo.** La detección temprana es muy importante. Exactamente, ¿qué estás sintiendo? Emplea tus sensaciones físicas para identificar la emoción tan pronto empieces a sentirla (usa la tabla de Radares Emocionales de la página 46). Somos mejores para detectar nuestros sentimientos que nuestros pensamientos, así que a pesar de que estos determinan nuestras emociones debemos observar cómo nos sentimos para abordar nuestros pensamientos. Necesitamos estar muy conscientes de cómo actúan nuestras emociones preferidas en nuestra mente, cuerpo y comportamiento, para que en cuanto aparezcan las atrapemos.

2. **Localízalo.** Conecta el sentimiento con el pensamiento que lo está causando (usa los Radares Emocionales de la página 46 hasta que puedas hacerlo por tu

cuenta). Por ejemplo: «Me estoy enojando en este momento, así que ¿en dónde siento que se han violado mis derechos?». Trata de ser lo más exacto posible con el pensamiento del abuso.

3. **Elimínalo.** Aquí es donde pondrás a prueba el pensamiento. Pregúntate si el sentimiento está justificado o si es tu radar emocional que reacciona ante algo que en realidad no está ahí. Cada flujo de pensamiento tiene un apagador que le corresponde que te ayudará a descifrar lo que en realidad está pasando.

Nueve de cada diez veces descubrirás que el pensamiento no es válido y desaparecerá, al igual que la emoción negativa. Una vez que lo hagas las veces suficientes la prueba será automática, así como alguna vez fue enojarte, entristecerte o culparte. Habrás limitado tanto al mecanismo que identificarás el pensamiento equivocado, neutralizarás la emoción negativa y restaurarás tu habilidad para pensar con claridad y resolver problemas de manera efectiva.

Eric, de 48 años y miembro de *meQuilibrium*, es un chico-enojo: esa es su emoción por *default* en situaciones de estrés. Eric viaja constantemente por su trabajo y hace poco, en un viaje que hizo a Chicago, escuchaba en su cuarto la televisión de quien se hospedaba al lado de él. Molesto porque el ruido del aparato lo distraía de su trabajo, Eric llamó a la recepción para pedir un cambio de habitación, pero educadamente le dijeron que no había espacio disponible. Antes, Eric habría explotado y exigido hablar con el gerente, mientras bufaba y manoteaba hasta obtener lo que quería; en otras palabras, habría hecho aún más estresante una situación que ya de por sí lo era. En lugar de eso, recurrió a su habilidad ALE:

1. Identificó sus conocidas señales de enojo (sacar los dientes y comenzar a gritonearle al responsable).

2. Localizó el pensamiento de que sus derechos habían sido violados: «¿Qué le pasa a este tipo, está evitando que haga mi trabajo?».

3. Eliminó el pensamiento; se preguntó a sí mismo: «¿Esta persona de verdad está violando mis derechos? ¿Tengo más derecho a estar en silencio que él a ver la televisión?». Eso fue lo que lo acabó: cuando eres capaz de ver la incongruencia entre tu reacción y el evento —e incluso de reírte un poco de ti—, logras que la emoción se desinfle.

EMOCIÓN	FLUJO DE PENSAMIENTO	ELIMINADOR DEL PENSAMIENTO
Enojo	«Violaron mis derechos.»	«¿De verdad violaron mis derechos? ¿Realmente me estafaron con algo a lo que honestamente tengo derecho?»
Ansiedad	«Algo malo va a pasar.»	«¿Qué es eso malo que creo que va a pasarme? ¿En realidad puede pasar o sólo se trata de mi radar emocional que reacciona ante algo que no está ahí?»
Frustración	«No tengo los recursos que necesito.»	«¿Qué herramientas tengo —por más insignificantes que sean— que pueda usar para sacar algo de provecho en este problema?»
Tristeza	«Perdí algo.»	«¿De verdad perdí a esta persona/ cosa?»
Culpa	«Violé los derechos de alguien más.»	«¿Qué pienso que le debía a esta persona, y por qué esperaría que me diera lo mismo? Si no, ¿por qué a doble moral?»
Vergüenza	«Perdí el respeto del otro.»	«Otras personas están más preocupadas por su propia reputación que por la mía» y/u «Otras personas no pueden ver lo que me pasa internamente».
Pena	«Traicioné mis principios.»	«¿Qué espero de mí mismo? ¿Es una medida realista y posible para un humano? ¿Creo que los demás deben de cumplir con estas expectativas?»

Eric, en un estado calmado y de contención, fue a hablar con el gerente a la recepción. A pesar de que el hotel estaba lleno, el gerente tomó en cuenta la paciencia de Eric y mágicamente encontró una habitación alejada, algo que seguramente no hubiera sucedido si Eric le hubiera gritado. He aquí el sigiloso poder de la calma.

Por cierto, no porque tengas un radar altamente sintonizado con la violación de tus derechos estos nunca serán violados: como dijimos, nueve de cada diez veces no lo son, pero eso significa que al menos una vez sí. Incluso entonces, cuando hayas reconocido que tu enojo (o cualquiera de las otras siete grandes emociones que tengas) está justificado, puedes neutralizarlo y responder desde la calma.

Imagínate, por ejemplo, que un taxista te lleva por una ruta en la que da más vueltas: el tener la conciencia para discernir que sí, que se están aprovechando de ti, es increíblemente poderoso, pues neutraliza los efectos de la emoción. Ahora es sólo un hecho —el taxista quiere obtener más dinero—, en lugar de un sentimiento que nubla tu capacidad de manejar la situación que tienes enfrente. Tu enojo puede ser real y justificado, pero no te ayuda en esa situación. Puedes hacerlo a un lado y centrarte en la calma, así, le quitas el poder al enojo y puedes lidiar con la violación de tus derechos con la mente clara.

Cuando se trata del estrés, la regulación de tus emociones es en sí la recompensa. Incluso si te pasa que a pesar de usar el Atrápalo, Localízalo, Elimínalo, sigues atascado en el problema, ya estás un paso adelante, pues has provocado un cortocircuito en la conexión automática entre el pensamiento y la reacción emocional.

En las ocasiones en las que antes te hubieras sentido derrotado, ahora verás la situación desde una perspectiva de más paz y aceptación, lo que es mejor para tu mente, tu cuerpo y para tener éxito al enfrentar las situaciones.

Ahora tienes las herramientas para liberarte de tus emociones negativas injustificadas. Nada de sentirte muy ansioso, muy enojado o muy triste... nada en exceso para que así estés al máximo. Es momento de quitarles el poder que tienen sobre ti. Con esta habilidad podrás recobrar el control de cómo te sientes y cómo respondes.

¡Disfruta la calma!

Plan para regular mis emociones

Escojo trabajar con mi habilidad para regular mis emociones debido a que:

Mi emoción por *default* en situaciones de estrés es:

Esta emoción aflora físicamente en mí así:

El flujo de pensamiento que esta emoción alimenta es:

El eliminador de pensamiento que usaré para acabar con esta emoción cuando no esté justificada es:

Día 2

Duerme mejor

Recompensa: energía restaurada para hacer las cosas
que te ayudan a aliviar el estrés de manera efectiva

Quizá te estés preguntando por qué algo tan básico como dormir aparece tan pronto en este programa, pero tenemos una buena razón para ello: enfrentémoslo, cuando estás agotado, no tienes capacidad alguna para manejar el estrés. Todos los factores que causan estrés están interconectados y, como demuestran nuestras investigaciones, el sueño es fundamental para la resistencia, salud, concentración y regulación emocional (piensa en lo difícil que es controlar tus emociones cuando estás exhausto). El sueño hace que todas las demás habilidades necesarias para manejar el estrés sean alcanzables. Así que en el día 2 nos enfocaremos en dormir bien para que tu base fisiológica tenga buenos cimientos.

Dormir mal es un malestar general: 67 por ciento de los estadounidenses dice que tiene problemas para dormir, según la encuesta de la Fundación Nacional del Sueño. Más de tres cuartos de los pacientes que vienen a ver a Adam tienen problemas de sueño. En la muestra de *meQuilibrium*, 38 por ciento de los participantes calificó su calidad de sueño como muy baja y dijo que «siempre tiene problemas para quedarse dormido y/o se despierta durante la noche». Sólo 10 por ciento de los encuestados dijeron que dormían muy bien.

Los culpables comunes de la falta de sueño son: azúcar, cafeína, trabajo excesivo y, por supuesto, estrés. De hecho, como seguramente sabrás, éste provoca un círculo vicioso, pues evita que duermas y la falta de sueño te mantiene estresado. Según la Asociación Estadounidense de Ansiedad y Depresión, 75 por ciento de los adultos, cuyo sueño se ve afectado por el estrés o la ansiedad, dice que sus problemas de sueño han incidido en el aumento de sus niveles de estrés y ansiedad.

EL CICLO DE SUEÑO-ESTRÉS: Si no duermes bien, no puedes pensar con claridad; si no piensas con claridad, no puedes resolver problemas de manera efectiva. Si no puedes resolver problemas de manera efectiva, estás vulnerable a las trampas del cansancio, que confunden aún más tu pensamiento y potencian el estrés. A cambio, te da insomnio y vuelves a comenzar con el círculo vicioso.

Las personas de *En equilibrio* que duermen muy mal demostraron estar 1.5 más estresadas que quienes duermen bien. Dormir mal nos afecta de muchas maneras: mentalmente, trastorna nuestro pensamiento e inhabilita nuestra capacidad para resolver problemas; nuestra resistencia emocional y perspectiva también se ven comprometidas. En comparación con quien duerme bien, 36 por ciento de quienes duermen mal es menos optimista y casi el doble de vulnerable al agotamiento.

El no tener un sueño de calidad, a nivel físico, se ha ligado a varias cosas: depresión, disminución de la libido, enfermedades cardiacas y diabetes. Cada una de éstas se añade a la ya de por sí enorme pila de estrés.

Es momento de dejar las consecuencias del mal sueño, ¿qué tal si nos enfocamos en el efecto positivo que un buen descanso puede tener en ti? Los estudios demuestran que dormir bien:

> Mejora tu aprendizaje.
> Aumenta tu nivel de atención.
> Incrementa tu capacidad de toma de decisiones.
> Ayuda a enfrentar mejor los cambios.
> Favorece la reparación de tu corazón y los vasos sanguíneos.
> Coadyuva al equilibrio hormonal que regula el apetito.
> Aumenta tu productividad en el trabajo o la escuela.
> Mejora tu vida sexual.

Cuando se trata del estrés, dormir bien tiene un gran efecto: de acuerdo a nuestros estudios, quienes duermen bien obtuvieron una mejor calificación en 27 de 28 factores estresantes. Su habilidad para pensar con claridad, regular sus emociones, terminar con el estancamiento en las relaciones, equilibrar su vida laboral y familiar, manejar su tiempo, comer mejor, aprovechar el sentido y objetivo de vida... ¡todos estos beneficios están relacionados con dormir mejor!

¿CUÁNTO SUEÑO ES SUFICIENTE? En general, ocho horas de sueño cada noche son ideales. Pero la mayoría de las personas no vive el ideal y varía de uno a otro. Se trata más de entender a tu cuerpo. ¿Cómo te sientes los días en los que dormiste seis horas? ¿Los días que duermes nueve o diez horas? ¿Te sientes renovado al despertar? Pon atención no sólo a cómo te sientes al despertar, sino durante el día. ¿Tienes un buen funcionamiento cognitivo? ¿Eres capaz de controlar y regular tus emociones? Todas estas pistas te ayudarán a identificar las horas que necesitas dormir para tener la mejor versión de ti.

Hay que hacer una prioridad el ser inteligentes al dormir —es decir, dormir más y mejor—. Con frecuencia, sólo se trata de hacer algunos cambios a tu rutina. Arreglemos lo simple e influyamos en lo que podemos: tus hábitos. Así podrás tener más energía y capacidad de hacer las cosas que te permiten aliviar el estrés de manera efectiva. Puedes hacer todo el trabajo de la regulación de emociones —y de las otras habilidades efectivas que aprenderás los otros doce días—, pero si no duermes bien, estás invalidando todos tus esfuerzos.

Tu horario al dormir, los hábitos de sueño y las decisiones en el estilo de vida que tienes afectan enormemente tus patrones de sueño. Haz uso de los siguientes consejos para crear un plan de sueño hecho a tu medida. No necesitas seguirlos todos de una vez, escoge uno o dos que creas que tendrán un mayor impacto y comprométete a hacerlos ¡esta misma noche!

Esta es la receta del Dr. Adam para tener hábitos de sueño saludables:

Si tienes dificultades para quedarte dormido
Sí:

· **Establece un horario para ir a la cama.** Intenta irte a dormir alrededor de la misma hora cada noche y despiértate más o menos al mismo tiempo por la mañana. La rutina le dice a tu cuerpo cuándo debería de estar dormido y cuándo despierto.

- **Combate la somnolencia después de la cena.** Si sientes que te estás quedando dormido antes de la hora de ir a la cama, levántate y haz algo: llama a un amigo, dobla la ropa, lava los trastes.

- **Haz de tu cama una zona exclusiva para dormir**. Es decir, estar sin televisión, computadora o radio cuando estás intentando quedarte dormido. Estas actividades estimulan tu cerebro y cuerpo, y dificultan que duermas.

- **Haz de tu habitación un lugar propicio para el sueño.** Mantenla oscura y silenciosa. ¡Las máquinas de ruido blanco y las cortinas *blackout* son una maravilla!

- **Crea una rutina relajante para la hora de dormir.** Date al menos media hora para calmarte y preparar tu cuerpo, mente y espíritu para una buena noche de sueño. Aquí van algunas recomendaciones:

  › Toma un baño caliente y agrega al agua unas gotas de un aceite esencial, como lavanda. El agua caliente relaja los músculos y la lavanda, la mente y el cuerpo.
  › Escucha música relajante. Sólo asegúrate de apagarla cuando estés listo para dormir.
  › Haz una lectura ligera (aunque no en la cama: la cama sólo es para el sexo y para dormir).
  › Haz algunos estiramientos o un poco de yoga relajante.
  › Practica respiraciones que te relajen (ve a la página 75 en el día 4 para consejos y técnicas).

- **Considera tomar un suplemento.** El glicinato de magnesio (240 mg antes de dormir), la melatonina (3 a 5 mg para adultos o 0.3 mg para personas mayores antes de dormir) e incluso el té Sleepytime pueden ayudar a relajarte. Por favor, consulta a tu médico para que te diga qué es lo mejor para ti.

- **Encuentra un mantra**. Repetir un mantra sencillo —el mismo sonido o frase una y otra vez— calmará tu mente inquieta, tu ritmo cardiaco y, finalmente, te arrullará. Conforme lo repites, escucha el sonido de las sílabas en tu cabeza. Deja que las frases se repitan una y otra vez mientras el tono te lleva al sueño. Encuentra uno o dos que te sirvan, anótalos y guárdalos en tu mesa de noche. Aquí hay algunos ejemplos:

  › «El sueño llegará cuando tenga que llegar.»
  › «El sueño no se puede apresurar.»

> «Ninguno de mis problemas es tan grande que no pueda esperar hasta mañana.»
> «Las cosas siempre se ven mejor con la luz del día.»
> «Trabajo mucho y merezco dormir.»
> «Merezco dormir bien.»
> «Dormir es fácil... ¡los bebés pueden hacerlo!.»

No:

- **Realices ejercicio enérgico por la noche.** Es mejor hacer cualquier entrenamiento que aumente tu ritmo cardiaco por las mañanas o las tardes. En las noches mejor haz rutinas más relajantes, como el yoga.

- **Bebas cafeína.** Evita tomar café, refrescos y otras bebidas con cafeína después de la media tarde.

- **Mantengas pensamientos en tu cabeza.** Descarga todo lo que está en tu mente antes de acostarte, así tus pendientes no te mantendrán despierto. Puedes empezar un diario antes de dormir para escribir todos tus pensamientos. Al escribir tus preocupaciones o pendientes, los sacarás de tu cabeza, al menos por ese momento. Si hay pendientes que te mantienen despierto a pesar de realizar estos consejos, no te preocupes: en el día 4 aprenderás habilidades para calmarte que son muy efectivas y te ayudarán a dirigir tu atención y a acallar tu caos interno.

SUEÑO Y PENSAMIENTOS: Ayer aprendiste la importancia del poder de tus pensamientos sobre tus emociones. No es ninguna sorpresa que también tengan un impacto sobre tus hábitos, incluyendo los de sueño. Hay quienes tienen creencias al respecto que lo obstaculizan, como: «Dormir es prescindible» o «Las personas exitosas no necesitan dormir mucho». Conforme realices el programa, obtendrás herramientas para cambiar estas creencias, pero por ahora es de mucha ayuda que estés consciente de cualquier creencia que obstaculice el que puedas hacer uso pleno de la habilidad de hoy.

Si tienes dificultades para mantenerte dormido:
Sí:
- **Involúcrate en el dormir consciente**. Esas veces en las que te despiertas en medio de la noche, date cuenta de lo que hiciste antes de ir a la cama y busca al culpable: ¿comiste algo diferente? ¿Viste un programa con mucho melodrama?

- **¿Bebiste vino o fumaste justo antes de dormir?** Todos esos factores pueden hacer que tu sueño sea intranquilo.

- **Práctica el soñar consciente.** Si te despierta un sueño, intenta recordar lo más que puedas de éste tan pronto como te despiertes. Intenta colocarte inmediatamente de regreso en el sueño —como si fueras la estrella de una película y te estuvieran llamando de regreso al set para la siguiente escena. Esto puede ayudarte a dormir de nuevo.

No:

- **Veas la hora, no importa cuán tentador sea.** Mirar el reloj es contraproducente: sólo te mantendrá despierto y preocupado porque no vas a tener el tiempo de sueño suficiente.

- **Bebas alcohol antes de ir a la cama.** A pesar de que el alcohol pueda ayudarte a quedarte dormido, también hace que te despiertes, vayas al baño, bebas agua y regreses al baño de nuevo.

- **Comas en exceso antes de acostarte.** Hacerlo puede causarte indigestión y un sueño intranquilo.

- **Enciendas luces brillantes**. Si debes levantarte en medio de la noche para beber algo o ir al baño, utiliza la luz suficiente para que no choques con nada. Si te despiertas y te pones a leer en un dispositivo electrónico, cambia a los ajustes nocturnos o baja la intensidad de brillo. Las luces brillantes pueden hacer que te despiertes por completo y dificultar que te vuelvas a dormir.

CUANDO LOS PROBLEMAS PARA DORMIR NO SE VAN: Algunas dificultades para dormir son causadas por cambios hormonales o un desorden del sueño que debe ser tratado médicamente. Habla de tus problemas para dormir con tu doctor, en especial si te quedas dormido de manera espontánea durante el día, si te han dicho que roncas o que te falta aire cuando duermes, si te despiertas o despiertas a tu pareja con patadas o estirando los brazos, o si tienes un sentimiento de intranquilidad durante la noche. Si no te sientes recuperado al despertar, puedes tener un desequilibrio hormonal o un desorden del sueño mayor que necesite la atención de un médico o de un experto del sueño.

Llevar a cabo sólo uno de estos consejos puede darte grandes resultados. Comienza esta misma noche y seguramente en unos cuantos días experimentarás mejoras importantes en cómo te sientes y cómo respondes al estrés. ¿Qué tienes que perder, además del agotamiento?

Plan para dormir mejor

Quiero trabajar esta habilidad debido a que:

Las habilidades para dormir mejor que hoy practicaré son:

Las pondré en práctica de la siguiente manera:

Desbloquea tu poder para resolver problemas

Recompensa: pensamiento claro y buena
capacidad para resolver problemas cotidianos

Si le preguntas a 100 personas qué es el estrés, la mayoría te dirá que es una montaña de problemas imposibles de resolver: un jefe frustrante, una relación estancada, los retos de la planificación, y todos ellos hacen casi imposible cumplir con lo que necesitamos y lo que queremos. Hoy vas a aprender a terminar con esos cuellos de botella que te estresan. Es momento de desbloquear tu poder para resolver problemas con la herramienta más asombrosa que tienes a tu disposición: tu mente.

Sin duda, las complicaciones de la vida pueden volvernos locos, sin embargo, la verdad es que podemos hacer que nuestros problemas parezcan imposibles de superar gracias a nuestro pensamiento defectuoso —nuestros patrones de pensamiento. Como sabes, el problema es que con frecuencia nuestros patrones de pensamiento no nos ayudan: volver a nuestros hábitos es fácil y cuando estamos estresados buscamos el camino fácil. Irónicamente, estos hábitos mentales empeoran las cosas y aumentan el estrés; justo cuando necesitamos pensar con más claridad, caemos en los hábitos conocidos que nos hacen tropezar.

No podemos resolver todos los problemas de la vida o deshacernos de ellos, pero podemos enseñarte cómo resolverlos de la manera más efectiva para ti. Hoy te vamos a compartir una habilidad mental que te ayudará a identificar y recalibrar tus patrones de pensamiento para desbloquear tu poder natural para resolver problemas.

Cada uno de nosotros tiene 228 centímetros cúbicos de capacidad cerebral: la proporción cerebro-cuerpo más grande que cualquier especie que haya vivido en este planeta ha tenido. Al mismo tiempo, hemos desarrollado cinco sentidos muy poderosos, que recogen una cantidad de información inconmensurable, mucho mayor a la que nuestros cerebros pueden procesar. Así que algunas veces, especialmente en situaciones estresantes, necesitamos depender de los atajos mentales: simplifican nuestro procesamiento cuando debemos aplicar una fórmula. Por ejemplo: si surge un problema y de manera automática busco a quien culpar, me ahorro mucho tiempo. O si de manera involuntaria puedo enfocarme en el peor escenario, eso canaliza mis pensamientos y energía hacia un solo (aunque inútil) camino.

> «La señal de que has caído en una trampa mental es el sentir "ya he estado en esta situación antes". Un problema conocido sin resolver es una muestra terrible de que el pensamiento problemático está dirigiendo las cosas.»
>
> **Andrew**

Estos atajos pueden ser muy eficientes al procesar información, bajo la óptica de que nos ahorran tiempo y energía mental —y sin duda lo hacen—, pero hay un problema: el pensamiento detrás de estos atajos por lo general es completamente erróneo. Y esto crea trampas mentales.

El verdadero asunto con las trampas mentales es que arruinan nuestra capacidad para resolver problemas, hacen confusa la situación y se interponen en nuestra forma justa de ver el mundo. Si no puedes analizar un problema con claridad, no puedes resolverlo bien, y eso es más estresante aún. Además, las trampas mentales exacerban nuestras emociones, así que acabas sintiendo aún más cualquiera de las siete grandes emociones (o cualquiera de sus combinaciones) que te tienen bajo su yugo. Como grandes oleadas de emociones, las trampas mentales hacen los eventos estresantes aún más estresantes de lo que necesitan ser.

Hay siete trampas comunes. Conforme las leas, trata de identificar en la que caes más seguido o la que genera más caos en tu vida cuando se apodera de ti: ésa es en la que debes enfocarte primero.

LAS SIETE TRAMPAS MENTALES

- **Hacerlo personal:** culparte a ti mismo automáticamente cuando las cosas salen mal.
- **Hacerlo ajeno:** culpar de manera automática a los demás o a otras circunstancias cuando algo sale mal.
- **Maximizar y minimizar:** magnificar lo malo y minimizar lo bueno para que la negatividad tome el control y defina la situación y tu panorama.

- **Leer la mente:** esperar que los otros sepan lo que estás pensando sin tener que decirles nada.
- **Generalizar en exceso:** tomar un pedazo de información y convertirlo en regla general, sin sustento, para el mundo, otra persona o tú mismo.
- **Pesimismo:** tomar un problema real y seguir un curso poco probable hacia el peor escenario posible, y después estresarte por ello.
- **Razonamiento emocional:** permitir que tus emociones guíen a tu pensamiento y que las uses como evidencia de que algo es real.

Veamos cada una de estas trampas en acción y cómo obstruye nuestro poder para resolver problemas.

Descubres que tu hijo adolescente se ha llevado tu coche sin tu permiso. Subes a su habitación, tocas la puerta y explotas de tal manera que ambos se sienten mal. Una situación estresante por donde se vea. ¿Qué es lo que te llevas?

Quien cae en la trampa de **tomárselo personal**, se culpará a sí mismo inmediatamente porque la pelea haya sido tan grande y pensará: «Últimamente, estoy muy sensible e irritable con mi familia». El tomártelo personal hace que sólo veas un origen del problema: lo que crees que hiciste para causar tal situación. Las causas atribuibles a otras circunstancias u otras personas están fuera de tu alcance. Si sólo ves una parte de las causas, sólo tienes una parte de las soluciones y estás ignorando todas las soluciones posibles. Además, agrega las emociones que conlleva el tomárselo personal (culpa, pena, tristeza o vergüenza) y que nublan tu pensamiento aún más. Ahora puedes ver cómo esta trampa evita que resuelvas tus problemas eficazmente.

Una persona que cae en la trampa de **hacerlo ajeno** hará exactamente lo contrario: culpará a su hijo por la pelea, y quizá enseguida piense: «Últimamente, me ha faltado al respeto y se ha portado mal». En este caso sucede la misma dinámica que con hacerlo personal, sólo que quienes culpan a los otros únicamente ven lo que hizo el otro o las circunstancias ajenas a ellos, es decir, no ven su papel en este caso, y con ello ubican al control de la situación fuera de sí mismos y se quitan la capacidad de cambiar lo que pasa. Cuando todo lo demás permanece, es más fácil cambiar algo en ti que algo fuera de ti. Para empeorar las cosas, el sentir que no tenemos el control trae consigo la frustración de no tener los recursos que necesitas o la capacidad para manejar las cosas a tu modo.

Los **maximizadores/minimizadores** quizá piensen: «La relación con mi hijo es un desastre», sin tomar en cuenta siquiera el buen momento que pasaron con su hijo esa misma mañana. Los maximizadores/minimizadores están con frecuencia en un círculo infinito de problemas que parecen surgir a donde quiera que vayan. Por ejemplo: acaban su semana de trabajo pensando que su empleo es el peor; renuncian, consiguen otro trabajo y resulta que ese también es terrible, debido a que tienen el hábito de maximizar lo malo y minimizar lo bueno. Terminan una relación porque todo lo que pueden ver es lo malo, pero no lo bueno, y por supuesto que su siguiente relación tampoco los hará sentirse satisfechos porque llevan este patrón a donde quiera que vayan. No pueden resolver el «encontrar el trabajo perfecto o la pareja perfecta» porque en realidad la culpa la tiene una trampa mental interna.

¿CUÁNDO UNA TRAMPA NO ES UNA TRAMPA? Una trampa mental se define por el hecho de que no hay evidencia que sustente un pensamiento. Así que si has estado en la misma relación durante 20 años y cada día le pides a tu pareja que te dé unos minutos para relajarte, antes de que te diga qué hay que hacer, y a pesar de ello es con lo primero que te recibe a diario, no has caído en una trampa mental: simple y sencillamente no estás recibiendo lo que explícitamente necesitas.

Si caes en la trampa de **leer la mente**, quizá pienses en algo como: «Tengo demasiadas cosas en el trabajo en este momento y él debería saber que no necesito un conflicto como éste». Al estar en esta trampa, desperdicias energía valiosa luchando contra fantasmas, pues seguramente la otra persona no sabe lo que estás pensando y, a decir verdad, no puedes estar seguro de lo que están pensando. Puedes crear todo un conflicto en tu cabeza sin siquiera hablar con la otra persona. No es necesario decir que ésta no es una forma efectiva de resolver problemas en tus relaciones y que por lo general causa más estrés al provocar un torbellino de insultos y ofensas imaginarios.

El **generalizar en exceso** se combina con frecuencia con tomárselo personal o hacerlo ajeno. En este caso, por ejemplo, «Él nunca me escucha, es imposible» o «Soy un padre o una madre terrible». Ambos pensamientos te encierran y es mucho más difícil responder a ellos que si piensas, por ejemplo: «Últimamente me siento cansada y no respondo bien» o «Mi hijo necesita ser más educado». Los problemas generales, por definición, son más difíciles de resolver y te dejan en un estado inamovible que te lleva a la impotencia y la desesperanza. De nuevo: sólo estás viendo una parte de las soluciones y, en este caso, es el conjunto de soluciones que tiene menos posibilidades de cambiar algo.

Una trampa de **pesimismo** crea una espiral descendente que te llevará al peor escenario posible y puede generar pensamientos como: «Si tomó el auto sin permiso, ¿qué otras cosas estará haciendo que no sé? ¿Qué le pasa? Va a acabar teniendo problemas en la escuela, o peor, con la autoridad. Entonces no podrá entrar a una buena universidad y su futuro estará arruinado».

Mira, hay cosas malas que pasan. No queremos convertirte en un integrante del Club de los Optimistas, sólo queremos que pases de ser un pesimista a un realista. Cuando te concentras en lo peor que puede pasar, asignas la mayor parte de tu energía a preocuparte por algo que tiene una posibilidad en un millón de suceder. Eso no es utilizar bien tus recursos. Queremos usar nuestra energía en contingencias que tienen más probabilidades de suceder. Si nos quedamos atorados al estresarnos por el peor escenario posible, obviamos los problemas reales que hay en nuestro camino y terminamos, vaya ironía, sin preparación para enfrentarlos. Al mismo tiempo, puede haber a nuestro alcance grandes posibilidades de un buen desenlace, pero fallamos al ver el lado positivo y maximizarlo.

En la trampa del **razonamiento emocional**, el pensamiento gira alrededor de aguantar cómo te sientes como prueba absoluta de que lo que percibes es la realidad. Desde el día 1 ya vimos que muchos de nuestros sentimientos no están justificados y que se basan en creencias erróneas. El pensamiento genera el sentimiento. Cuando dependemos de esos sentimientos como prueba de que nuestros pensamientos son reales, nos ponemos en un error lógico.

Si te sientes ansioso, es porque estás pensando que hay una amenaza en el futuro, pero de hecho puede tratarse solamente de tu radar ansioso. Por ejemplo, Beth, de 49 años, se preocupa de que su hijo no sea seleccionado de nuevo cada vez que falla en el béisbol. Su sentir puede o no estar justificado, sin embargo, sólo porque Beth se sienta ansiosa cuando él falla no asegura de que él no vuelva a ser seleccionado. Creer que es un hecho es razonamiento emocional.

> «Estaba dando una presentación y uno de los participantes miraba hacia la ventana, inmediatamente pensé: "Ay, no, no me preparé lo suficiente para hacerlo interesante". Después, uno de mis colegas me dijo: "¡No puedo creer que ese tipo no estaba escuchándote!". Eso realmente me mostró cómo cada uno ve lo que quiere ver. Enseguida me lo tomé personal y mi colega lo hizo un problema ajeno. Por lo que sabemos, el participante estaba estresado porque tenía una cita con el dentista.»
>
> **Jan**

Esta es una trampa circular pues no deja que la emoción se vaya, y esto aplica para cualquier emoción que tengas. En este caso en particular, si estás enojado, ahí tienes la confirmación de que tu adolescente violó tus derechos. Si te sientes culpable, te lo quedarás como prueba de que a ti es a quien hay que culpar por esta pelea entre ustedes. Si te sientes triste, quizá se desencadene la creencia de que estás perdiendo la cercanía con tu hijo o que su relación no es tan fuerte como pensabas (la brecha idea-realidad).

ACTÚA

La buena noticia es que hay una ruta de escape específica y práctica para cada trampa mental y que te llevará de vuelta a la calma y la cordura.

Un buen comienzo es que escojas la que sea más cercana a ti. Puedes caer en todas las trampas en cualquier momento, pero selecciona una (máximo dos) que te afecte más y ésa te dará la mayor recompensa sin costarte demasiado. Recuerda que todos tomamos estos atajos mentales porque 228 centímetros cúbicos de nuestra capacidad cerebral está abrumada, así que todo empeorará si intentas identificar tu patrón de pensamiento para las siete. Familiarízate con la ruta de escape para la trampa en la que caes con mayor frecuencia para que estés preparado para la siguiente ocasión (quizá hoy mismo).

Huye de tomártelo personal

Quienes se lo toman personal sienten tristeza, culpa, pena y vergüenza. Cuando estas emociones salen a flote, pregúntate: «Me estoy culpando por este problema, y aunque en parte sea correcto, ¿qué más está pasando aquí? ¿Qué cosa que alguien más hizo —o que las circunstancias crearon— contribuyó a este problema y qué puedo hacer al respecto?». Esto te ayudará a obtener el equilibrio necesario y a ampliar tu panorama. Tres cuartas partes de salir de una trampa es huir del túnel que crea y que evita que veas las opciones que tienes.

Por ejemplo, Robin, de 38 años e integrante de nuestro programa, es la típica que se lo toma personal. Si le envía un mensaje a una amiga y no recibe respuesta de inmediato, empieza a pensar que quizá su amiga está enojada con ella, se preocupa y se pregunta si hizo algo para lastimarla. Esto la hace sentirse triste, apenada y culpable, lo que empeora su día. Pero ya que tiene su recién encontrada habilidad para escapar del pensamiento confuso que causa el tomárselo personal, Robin también piensa en otras causas posibles: quizá su amiga simplemente esté ocupada en este momento; o tenga un tiempo de respuesta diferente a los mensajes de texto y no es tan rápida como Robin, o puede ser que no esté cerca de su teléfono. Este nuevo patrón de pensamiento la mantiene en calma hasta que su amiga tenga tiempo de responderle y le ahorre una angustia innecesaria que sólo aumenta su estrés.

Escapa de hacerlo ajeno

Al igual que con tomárselo personal, es más fácil detectar el hacerlo ajeno a través de nuestras emociones que de nuestros pensamientos. Las emociones que evidencian que has caído en la trampa de hacerlo ajeno son el enojo y la frustración. La próxima vez que te enojes y te sientas frustrado ante una situación estresante, repítete a ti mismo: «OK, ahora estoy culpando a otras personas o circunstancias por este problema y puede ser que tenga razón, pero ¿qué hice yo para contribuir a este problema y qué puedo hacer para mejorarlo en este momento?».

Una perspectiva amplia, de nuevo, te ayuda a ver el problema desde distintos ángulos y a tener más herramientas para resolverlo. Te regresas el control a ti mismo y desde ahí puedes actuar eficazmente.

«PERO ¡DE VERDAD ES SU CULPA!»: Queremos asegurarle a todos aquellos a quienes lo hacen ajeno que los entendemos de corazón. Un adolescente que toma sin permiso el coche y se va a dar la vuelta, el colega que no te dio los materiales necesarios para terminar el proyecto o el conductor desconsiderado que se enfrenó, en verdad tienen responsabilidad también. Pero si para ti ahí empieza y termina la historia, estás atascado en un problema, enojado y frustrado.

En algunas ocasiones, el enojo está justificado y no necesariamente debemos evitarlo. Pero echarle la culpa al otro o tomártelo personal es como un reloj descompuesto: un par de veces al día puedes estar en lo correcto, pero la mayoría del tiempo estarás equivocado o, al menos, sin entender por completo las causas del problema y, por ello, sin la capacidad de ver las soluciones posibles.

Escapa de una trampa maximizadora/minimizadora

Recuerda: maximizar o minimizar dan un tono a tu panorama de modo que sólo puedes enfocarte en la parte negativa de la situación. ¡Vaya trampa! Para aquellos que tienden a maximizar y minimizar, les tenemos una estrategia muy sencilla. Quizá cuando la leas te parezca ridícula, pero tenemos pruebas de que funciona.

Al final de este día, escribe tres cosas buenas que te hayan pasado desde que te despertaste hasta ese momento. No tienen que ser eventos muy importantes, pueden ser tan sencillos como no haber hecho fila en el Starbucks cuando fuiste por tu café de la mañana o que tu hija meta un gol en su partido de futbol. Mañana, justo cuando te despiertes, antes de hacer el desayuno, revisar tu correo, ir al gimnasio o cualquier otra cosa, lee esas tres cosas. Eso es todo: léelas y sigue con tu día.

Mañana haz lo mismo. Añade a la lista otras tres cosas buenas que te hayan sucedido ese día. Pasado mañana lee esa lista de seis cosas. Realiza este ejercicio por diez días y tendrás 30 cosas buenas que te hayan pasado. Vas a ver con claridad que al buscar lo bueno habrás recalibrado tu mente para que esté en sintonía con lo positivo. En un inicio te recomendamos que lo hagas por diez días, y después repítelo cada vez que sientas que estás volviendo a tu forma de pensar negativa.

Huye de la trampa de lectura mental

Gigi, de 31 años, había acumulado una buena cantidad de resentimiento contra su esposo debido a que ella no tenía suficiente tiempo para sí misma por los muchos compromisos familiares que tenían. Con el tiempo, ella explotó: «Es ridículo. Lo único que quiero es poder ir a hacer yoga los sábados por la mañana, ¿es mucho pedir?!».

El esposo de Gigi no podía creerlo: él, literalmente, no tenía *ni idea* de lo que estaba hablando. De hecho, él pensaba que ella hacía yoga las mañanas de los sábados y que había decidido abandonarlo, y como no quería que pareciera que él la molestaba por haber dejado su rutina de ejercicio, no había dicho nada. La pelea paró en cuanto ambos se dieron cuenta de que no era necesario seguir enojados por un malentendido causado por la lectura mental.

Si estás molesto con alguien o frustrado por un bache en tu relación, hay grandes probabilidades de que hayas caído en la trampa de la lectura mental, ya que, en tu mente, alguien no te ha dado lo que quieres. Claro que el problema está en que ni siquiera lo has pedido. Por ejemplo, puede causarte mucho estrés que tu suegra te visite en las vacaciones y que sin importar lo que hagas, ella siempre te diga que hay una manera mejor de hacerlo. Pero si logras decirle que no le estás pidiendo su consejo, sino su ayuda, sería muy bueno, pues dejas salir la presión del conflicto que se está creando. No decir lo que se quiere o necesita puede causar mucho estrés.

La próxima vez que te sientas frustrado o enojado con alguien, pregúntate: «¿He dicho con claridad y de manera adecuada lo que quiero o necesito?». Cuando dudes, habla.

Escapa de la trampa generalizadora

La generalización aumenta la intensidad de nuestros sentimientos; si personalizamos, quizá nos sintamos tristes; si personalizamos y generalizamos, nos sentiremos *muy* tristes. Si culpamos al otro, quizá nos sintamos enojados; si culpamos al otro y generalizamos, sentiremos un gran enojo —también conocido como rabia. Generalizar es el equivalente a la gasolina emocional.

Para saber cuándo estás generalizando, busca palabras como *nunca* o *siempre*, o insultos como *flojo*, *estúpido* e *idiota* (o peor). Mientras más grande sea la teoría sobre ti mismo, otra persona o el mundo, mayor será la evidencia que necesitas para sustentarla. Pregúntate: «¿Estoy siendo realmente objetivo y justo, o se trata de la trampa mental de siempre? ¿Esta persona nunca/siempre es como la estoy etiquetando? ¿De verdad soy una mala madre o una excelente madre sólo por tener un mal día?».

Escapa de la trampa del pesimismo

Imagina la entrada (y la salida) de la trampa del pesimismo como si fuera una escalera en espiral: comienza con un solo evento que lleva a un pensamiento... y luego a otro... y otro. Las cosas empeoran progresivamente y no en una sola área. La espiral de la negatividad se hace cada vez más grande, como si fuera un torbellino. El pesimismo siempre sabe cómo entrar en otra área de tu vida. Las cosas no están bien en casa, así que no duermes bien, lo que hace que te preocupes de que no te desempeñes bien en el trabajo, etcétera.

Por ejemplo, Jillian, de 58 años, es dueña de una importante y prestigiada consultora, y ha amasado un buen patrimonio gracias a ello. Sin embargo, cuando cualquier cosa sale mal, ella está convencida de que todo se irá por la borda y ella acabará en la calle.

Jillian describió así su espiral favorita: «Si no alcanzo el tren para llegar a la ciudad a ver a un cliente, pienso que al final me convertiré en una pordiosera. No reservé un asiento en el tren de Boston a Nueva York para llegar a la junta... eso significa que no presentaré el proyecto... y eso dañará mi reputación, así que mis clientes actuales me dejarán... entonces no podré pagar la nómina ni mi hipoteca o la colegiatura de la universidad... Mi empresa quebrará, mi familia se vendrá abajo y yo me iré directo a la ruina». Cada pensamiento coloca a otro en un efecto dominó que la tira al suelo, a pesar de que racionalmente sabe que es ilógico. Pero somos seres humanos, con emociones poderosas que con frecuencia sobrepasan la lógica y la razón.

Jillian, con cada pensamiento, está esperando que el peor escenario se haga realidad. Lo que ha aprendido últimamente —y lo que estás a punto de aprender— es a analizar las probabilidades de cada evento a partir del evento anterior. ¿Qué probabilidades hay de que el resultado que piensas suceda, de acuerdo con el evento que lo desencadenó? De acuerdo, Jillian perdió el tren; sí, eso puede significar que pierda a ese cliente, pero ¿eso resultará en que su reputación se desvanezca y que pierda todo por lo que ha trabajado y a todos los que le importan?

La primera vez que Jillian hizo este ejercicio, a estas alturas ya estaba sonriendo porque veía lo absurdo que era su pensamiento. Cuando llegas al punto en el que puedes reírte un poco de ti mismo, entonces has roto la maldición: ya puedes dar unos pasos hacia atrás y ver lo que en realidad pasó y con la cabeza fría y clara puedes pensar en otras soluciones. En este caso en particular, tenía varias alternativas: podía actuar rápido y comprar un boleto de avión; llamar al cliente y atrasar una hora la reunión; hacer una presentación vía Skype... cualquier cosa menos entrar en pánico y caer por la espiral que la llevaría a la miseria.

Piensa en tu espiral de pesimismo. ¿Qué tan profundo llega? ¿De qué te convenciste que pasará si hay un evento desencadenante?

Razonamiento emocional

Ya sabes que puedes llegar a las emociones a través del pensamiento erróneo. Por ejemplo, puedes enojarte por una situación, pero si usas ese enojo como prueba de que violaron tus derechos, estás usando el razonamiento emocional.

Estás ansioso, así que te convences de que eso significa que algo malo va a pasar, pero no, no pasa. Sólo significa que estás ansioso porque puede haber algún resultado negativo en el futuro y hay mucho en juego; pero no quiere decir que algo malo va a suceder y si sucede, que sea lo peor que pueda pasar. Te sientes culpable, así que seguramente fregaste a alguien más, ¿verdad? No; sólo te sientes culpable.

Para salir de la trampa del razonamiento emocional necesitas tu recién adquirida habilidad de Atrápalo, Localízalo, Elimínalo: identifica la emoción, encuentra el flujo de pensamiento que hay detrás y pregúntate si el pensamiento es real o si es una señal imaginaria recogida por tu radar. Cuando truenes la burbuja de la emoción, restaurarás la claridad y la calma para resolver lo que sea que tengas enfrente.

Escapa de las trampas mentales

TRAMPA MENTAL	PLAN DE ESCAPE
Tomártelo personal	Pregúntate: «¿Qué es lo que alguien más hizo — o que las circunstancias crearon— que contribuyó a este problema, y qué es lo que puedo hacer el respecto?»
Culpar al otro	Pregúntate: «¿Qué hice para contribuir a esto y que es lo que puedo hacer ahora al respecto?»
Maximizar y minimizar	Enlista tres cosas buenas que te hayan pasado hoy y revisa cada mañana esa lista creciente por los siguientes diez días.
Lectura mental	Pregúntate: «¿Le dije a esta persona lo que quiero o necesito de manera clara y adecuada?»
Generalización	Pregúntate: «¿Tengo la evidencia suficiente para sustentar una teoría tan general?»
Pesimismo	Identifica el evento desencadenante y después pregúntate: «¿Qué posibilidades hay de que el resultado final pase de acuerdo con el evento desencadenante?»
Razonamiento emocional	Identifica la emoción y usa el Atrápalo, Localízalo, Elimínalo para determinar si es real y justificada o sólo un fantasma generado por tu radar emocional.

TU PRÓXIMO PLAN DE ACCIÓN

Mientras puedas prepararte con antelación, mejor. Es muy útil identificar no sólo la trampa mental en la que caes con mayor frecuencia, sino también las situaciones que te dejan más vulnerable ante ella. ¿Es en un problema en el trabajo, durante una pelea con tu pareja, cuando tienes complicaciones para organizarte? Prepárate y piensa en algo que puedas hacer para evitar caer en la trampa mental la próxima vez que dicha situación surja para que puedas resguardar tus poderes para resolver problemas.

Mi plan para escapar de las trampas emocionales

Quiero trabajar esta habilidad debido a que:

La trampa mental en la que caigo con mayor frecuencia es:

Las pruebas de que he caído en esta trampa son:

Las situaciones en las que estoy más vulnerable a caer en esta trampa son:

Lo que puedo hacer para evitar caer en el futuro en esta trampa es:

Día 4

Consigue la calma instantáneamente

Recompensa: alivio inmediato de estrés en
situaciones de mucha presión

El gran momento que habías esperado por fin llegó: estás parado al lado del escenario, a punto de subir al podio a dar un discurso frente a cien personas, no, mil personas. Miras a los asistentes y encuentras a tu suegra, tu jefe y... pongamos a tu profesor de gimnasia de la secundaria; todos te están mirando, esperando a la genialidad. Sientes cómo aumenta la ansiedad conforme se entumen tu cara y tus brazos, tu garganta se oprime y el latido de tu corazón cada vez es más fuerte en tus orejas.

¿Este es un buen momento para hacer una pausa y trabajar en tus habilidades para el radar emocional o las trampas mentales? ¡Claro que no!

Por supuesto que puedes usar estas herramientas para analizar después la experiencia, pero en el momento necesitas un alivio rápido. Ya te hemos enseñado algunas habilidades para enfrentar tu pensamiento y reconectar tu respuesta ante el estrés. Pero, ¿qué pasa en esos momentos de estrés intenso cuando lo único que necesitas es calmarte rápidamente? ¿Qué haces cuando necesitas controlar tan pronto como puedas el martilleo del latido de tu corazón o esas manos temblorosas para que te desempeñes de la mejor forma posible?

Lo que buscamos es un cambio a largo plazo, pero algunas veces necesitas una herramienta rápida para volver a sentirte afianzado. Mientras reconectas los hábitos de pensamiento que te generan emociones abrumadoras, ¿por qué no también usar algunos trucos para enfrentar directamente las emociones? Es un curita, sí, pero a veces sólo necesitas parar el sangrado y después enfocarte en que la herida sane.

El estrés agudo activa nuestro sistema nervioso simpático, hace que nuestro cuerpo y cerebro se preparen para luchar o huir, nuestro corazón comienza a palpitar, los músculos se tensan y la garganta se seca. Afortunadamente, nuestro cuerpo también tiene integrada una respuesta de relajación para contrarrestar este estado de alerta: el sistema nervioso parasimpático. Si invocamos la respuesta parasimpática, el mecanismo de pelear-o-huir se apaga automáticamente. Ambos son procesos fisiológicos opuestos y no pueden funcionar al mismo tiempo. La respuesta de relajamiento es tu boleto instantáneo a la calma.

Esta respuesta hace que secretes químicos de placer, conocidos como endorfinas, que actúan como un poderoso antídoto para la adrenalina. Así se crea un estado de descanso profundo que lentifica el ritmo cardiaco y la respiración, disminuye la presión arterial y las hormonas del estrés, y relaja los músculos. Además de sus efectos calmantes físicos, estudios demuestran que la respuesta relajante aumenta la energía y la concentración, combate las enfermedades, alivia malestares y dolores, aumenta tu capacidad para resolver problemas y estimula la motivación, la productividad y los sentimientos de felicidad y paz.

CÁLMATE Y ADELGAZA: Si llegaras a necesitar otra razón para aprender el camino directo a la calma y a disminuir tu estrés, resulta que el estrés te hace engordar. Cuando se activa el sistema nervioso simpático, tu cuerpo se inunda con cortisol, también conocida como la hormona del estrés. Parte del trabajo del cortisol es estimular a que el cuerpo haga reservas de grasa, especialmente en el abdomen, para tener una fuente de energía rápida en el organismo. Sin embargo, dado que las «amenazas» que enfrentamos estos días por lo general no requieren que corramos por nuestras vidas, no estamos usando estas reservas de energía, así que la guardamos y aumentamos de peso. Para hacer las cosas peores, la grasa de la panza es más que un aguafiestas de tu clóset: está ligada a enfermedades cardiovasculares, diabetes tipo 2 e infartos.

Ahora encontrarás tres herramientas que puedes aprender para activar tu sistema nervioso parasimpático y provocar alivio en situaciones de mucha presión.

ACTÚA

Repasa estas tres habilidades para familiarizarte con los pasos a seguir, así la próxima vez que te encuentres en una situación muy cargada los podrás poner en práctica y ver cómo se deshacen las burbujas de estrés tan pronto como aparecen.

Herramienta de calma instantánea #1: Respira profundamente

Muchas personas pasan sus días haciendo respiraciones cortas y superficiales. Cuando metemos menos oxígeno a nuestro cuerpo, el corazón tiene que latir más rápido para llevar la misma cantidad de sangre oxigenada a los órganos vitales, y un ritmo cardiaco acelerado le indica al cerebro que la «ansiedad» algo está tramando. Cuando respiras profundamente desde el abdomen —y no superficialmente desde la parte alta del pecho— inhalas más oxígeno y te sientes más relajado.

La respiración abdominal provocará a tu sistema nervioso parasimpático y te permitirá que recuperes el equilibrio. Lo mejor de esto es que puedes hacerlo cuando sea que necesites calmarte rápidamente: en tu escritorio, antes de un examen médico, cuando alguien te dice algo que te molesta.

Sigue estos sencillos pasos:

1. Antes de empezar, dale una señal a tu cuerpo de que estás por comenzar a practicar, por ejemplo, toca tu esternón o tu ombligo y di: «Estoy desatando mi respuesta de relajación». Al repetir esta señal, tu sistema nervioso sabe qué es lo que espera y, con el tiempo, también prepara a tu cuerpo para entrar en el modo de relajación.

2. Con los ojos cerrados o abiertos, coloca tu mano en el estómago (si estás en un lugar público y prefieres saltarte este paso, no hay ningún problema).

3. Empieza a controlar tu respiración al hacer algunas inhalaciones profundas, lentas y cómodas.

4. Respira profundamente y cuenta hasta cuatro, después exhala lentamente mientras cuentas de nuevo hasta cuatro. La capacidad pulmonar varía de persona a persona, así que cuatro quizá no sea el mejor número para ti; debes sentir que tu estómago se eleva al menos unos dos centímetros y medio cuando inhalas y que baja dos centímetros y medio cuando exhalas. Encuentra qué es lo que te funciona mejor y practícalo hasta que se sienta parte de ti.

Con este tipo de respiración no tienes que forzar nada: tu cuerpo sabe cómo relajarse, sólo inhala profundamente y confía en que eso te relajará de manera natural. No te preocupes por si lo estás haciendo bien o mal; también debes saber que cada relajación puede ser diferente a la anterior.

Herramienta de calma instantánea #2: Relajación progresiva muscular

Nuestros músculos se tensan cuando el sistema nervioso simpático se activa para poner listo a nuestro cuerpo para pelear o huir. Al relajar esos mismos músculos, mandamos la señal al cuerpo de que la amenaza se ha ido, lo que propicia la respuesta relajante.

Sigue estos pasos:

1. Siéntate en una silla cómoda pero firme. Una silla de oficina está bien, mientras no se recline tanto que pierdas el equilibrio.

2. Respira. Empieza por controlar tu respiración (inhala en cuatro tiempos, exhala en cuatro tiempos).

3. Haz puños con tus manos, tensa y curva tus pies y los dedos de tus pies; mantenlos así durante ocho segundos (cuatro de inhalación y cuatro de exhalación). Después déjalos sueltos, que caigan y se relajen como si no tuvieran huesos durante ocho segundos. Repítelo hasta que sientas una pulsación suave y tranquilizante en tus manos y pies (hay quienes la describen como una vibración).

4. Continúa con tu respiración controlada y con tus plantas de los pies en el suelo, alza tus talones y tensa los músculos de tus pantorrillas. Tensa también tus antebrazos sin endurecer tus manos (mantenlas abiertas y con las palmas hacia abajo). Sostén la tensión en tus antebrazos y pantorrillas por ocho segundos y después relájalos por otros ocho segundos. Repite hasta que sientas una pulsación suave.

5. Sigue con la respiración lenta y junta tus muslos mientras los tensas y dobla tus codos durante ocho segundos, después suéltalos por otros ocho segundos. Repite hasta que sientas que pulsan suavemente.

6. Repite este proceso con tu abdomen, después con el pecho y, por último, con tu cuello. La clave está en seguir la misma secuencia cada vez que lo hagas, pues el cuerpo aprende qué esperar y comenzará a relajar los últimos músculos desde el inicio.

Con la práctica sabrás qué tanto dura tu respiración profunda y controlada y no será necesario que cuentes. Todo este proceso debe tomarte tan sólo unos minutos. Con el tiempo también serás capaz de hacerlo en menos tiempo y de volver a tus actividades rápidamente, pero recuerda: la velocidad no es el objetivo, sino el que te sientas relajado y con energía.

Herramienta de calma instantánea #3: Imágenes positivas

Imagínate sentado en tu playa favorita. El sol brilla y el cielo es azul resplandeciente, sopla una brisa suave y trae consigo el aroma del océano y de aceite de coco. Tomas un sorbo de una bebida refrescante y abres el libro que tenías tantas ganas de leer. Tu familia está haciendo algo que le gusta y todos están seguros y bien. Tienes dos maravillosas horas en las que nadie te busca y no tienes otro lugar en donde estar.

¿Cómo te sientes?

Las imágenes positivas son una herramienta especialmente poderosa y transformadora debido a que involucran a tus sentidos. De manera instantánea, puedes parar el sistema nervioso simpático al cambiar tu mente, sin que ello signifique que el escapismo es una cura a largo plazo. Si estás en una crisis en tu trabajo y pasas todo el día soñando despierto con unas vacaciones en la playa, no vas a resolver nada. Pero hacer una pausa para traer imágenes positivas a tu mente te desenganchará de la subida de adrenalina y te permitirá detener el estrés. Entonces podrás encarar con calma la situación que tienes enfrente.

Sigue estos pasos:

1. Comienza por pensar en un lugar y un momento en el que te sientas completamente en paz. Un recuerdo real funciona mejor, pues puedes imaginarlo más vívidamente.

2. Recuerda la escena y usa tus cinco sentidos lo más que puedas, como si estuvieras ahí. Escribe con detalle de lo que te acuerdas en tiempo presente, como si estuvieras en la escena. Puedes usar estas preguntas como guía para provocar a tu memoria sensorial y evocar lo que ves, sientes, hueles, degustas y oyes:

   › ¿Dónde estabas? (En la cima de una montaña, en una celebración con tu familia en el 50 aniversario de bodas de tus padres.)
   › ¿Qué estabas haciendo? (Estás sentado en un camastro, caminando o bailando.)
   › ¿A qué huele? (A pasto recién cortado, a galletas en el horno.)
   › ¿Qué escuchas? (Reventar de las olas, el canto de un grillo, música, a tus hijos riendo.)
   › ¿Qué sientes o puedes tocar? (El sol en tu cara, arena cálida entre los dedos de tus pies.)
   › ¿Qué puedes saborear? (Una barbacoa picante, chocolate con malvaviscos, fresas dulces.)
   › ¿Qué ves? (Palmeras, el océano, estrellas tintineando en un cielo azul.)

Te compartimos este maravilloso caso de Martin, de 63 años e integrante de nuestro programa:

«Estoy en mi campo de golf favorito con mi compañero de golf preferido. Está atardeciendo y caminamos hacia el hoyo 18. He jugado muy bien, parece que voy a superar los 80. El sol está detrás de los árboles y hay un resplandor rojizo en el cielo. La brisa de la tarde inicia y puedo sentirla en mi piel, lo que se siente muy bien pues el día fue muy soleado. Puedo oler el pasto recién cortado y sentir el grueso césped debajo de mis zapatos de golf. Cuando golpeo la pelota, siento el toque en mis manos y mis brazos. Casi puedo saborear esa cerveza deliciosa que nos tomaremos en la casa club cuando hayamos terminado esta ronda.»

Pon atención en cómo te sientes cuando evocas esta memoria sensorial. ¿Sientes cómo se desvanece el estrés? Esta sensación de tranquilidad está a tu disposición en el momento que la necesites. La próxima vez que te sientas abrumado por el estrés, cierra tus ojos y toma este respiro mental para restaurar tu equilibrio. No necesitas escribirlo la próxima vez, a menos de que hacerlo te ayude a evocarlo con más fuerza. Lo que importa es que te tomes una pausa e imagines la escena completa y uses tu cinco sentidos para ello. En momentos sentirás cómo te inunda la tranquilidad.

CULTIVA LA TRANQUILIDAD A LARGO PLAZO

Quizá no te hayas dado cuenta, pero las tres herramientas que aprendiste hoy son las bases de la meditación, uno de los métodos comprobados para controlar el estrés a largo plazo. Hay investigaciones que demuestran que meditar diariamente por unos minutos puede tener un impacto altamente positivo en tu salud, tu bienestar y tu nivel de estrés, puede reducir tu presión arterial, la ansiedad, atracones de comida, fatiga, dolor, problemas de sueño, enfermedades cardiacas y adicciones.

Mejor aún: la práctica de la meditación tranquiliza tu mente y cultiva la introspección. Te ayudará a notar —y bloquear— el estrés severo antes de que se apodere de ti. Puedes aprender más sobre cómo iniciar una práctica de meditación sencilla en: www.mequilibrium.com

Mi plan para conseguir la calma de manera instantánea

Quiero trabajar esta habilidad para conseguir la calma instantáneamente porque:

La herramienta que usaré la próxima vez que esté en una situación de mucho estrés es:

Las imágenes positivas a las que recurriré cuando emplee esta habilidad son:

Día 5

Vuelve a llenarte de energía correctamente

Recompensa: mejor resistencia, más
salud e inmunidad ante el estrés tóxico

A nivel estrictamente biológico, el viejo dicho de «Eres lo que comes» es totalmente cierto. Es muy simple: si llenas tus células cerebrales, órganos vitales y músculos con alimentos nutritivos y frescos, estarán mejor equipados para salir en tu defensa. Si los inundas con comida procesada, grasas trans y azúcares, obstaculizas enormemente tu capacidad para manejar las situaciones de estrés. Es muy difícil pensar con claridad y tener la energía suficiente para enfrentar retos cuando te sientes flojo. Olvídate de tener entusiasmo para tomar las oportunidades que te llegan y sintonizar tu vida en lo positivo.

> «Cuando se trata de combatir el estrés, las dietas y la alimentación pueden ser tus mejores amigos o tus peores enemigos».
> **Adam**

Hoy vamos a darte herramientas poderosas (e increíblemente sencillas) para que controles tus hábitos alimenticios, mejores tu resistencia y tengas energía y concentración para enfrentar los retos que vengan.

ALIMENTAR EL ESTRÉS

Come alimentos no saludables en exceso causa más que kilos extra. Cuando comemos mal, provocamos que nuestro cuerpo se inflame de manera dañina hasta por tres horas después de comer (se ha ligado la inflamación a una gran variedad de enfermedades, entre ellas del corazón, Alzheimer y cáncer). Está bien que lo hagas de vez en cuando, pero si lo haces repetidamente, tu cuerpo simplemente no aguantará. La vida se trata de equilibrio.

Digamos que inicias el día con un desayuno de un *croissant* de mantequilla con tocino, huevos y queso; ya desataste el proceso de inflamación sin que siquiera haya empezado el movimiento en tu día. Tu organismo empezará a recuperarse de esa inflamación tempranera cerca de la hora del almuerzo, pero entonces imagina que vuelves a hacer lo mismo al ingerir comida rápida y refresco. Es como echar una bomba al estrés que ya de por sí tienes por el ajetreo de un día laboral. Otra vez comenzarás a recuperarte unas horas después o volverás a provocar la inflamación al final del día al cenar una pizza grande de pepperoni con queso. Para cerrar, en la noche tu hijo arma una debacle por su tarea de álgebra, y de repente te encuentras en un estado crónico de inflamación y estrés.

Esas son las malas noticias, pero lo bueno es que nuestros estudios han demostrado que al hacer unos pocos cambios y retomar el control en esta área tiene grandes beneficios en las demás áreas de tu vida.

Una asociación clerical de Carolina del Norte se acercó hace poco a nosotros para pedirnos ayuda: sus integrantes no estaban bien ni física ni psicológicamente y mostraban síntomas de estrés excesivo. Tenían sobrepeso, trabajaban en extremo, estaban exhaustos y pasaban por todos los problemas que tenían con una mala alimentación y falta de ejercicio. Seleccionamos a 35 de ellos para que hicieran el programa de *meQuilibrium* y en 30 días mostraron mejoras en tres áreas importantes: dejaron de comer más cuando estaban estresados, escogían comidas más saludables y se ejercitaban de mejor manera. Sólo eso ya representaba una ganancia, pero los beneficios no acababan ahí: también mejoraron su habilidad para regular sus emociones y cambiar los patrones de pensamiento que nublaban su juicio y su concentración en el trabajo. De hecho, fueron estos cambios en su resistencia los que potenciaron las mejoras en sus hábitos de salud física; la habilidad de los miembros del clero para disipar los pensamientos negativos y mantener la estabilidad en sus emociones fue clave para conservar su salud física. Así puedes ver de nuevo cómo todo está interconectado.

Hay otro factor importante en la relación entre lo que comes y el manejo de estrés: el autoestima. Las decisiones que tomamos son las que tienen más peso en cómo nos sentimos sobre nosotros mismos. Cuando nos proponemos comer más sano, nos sentimos más fuertes, virtuosos y con control. Tenemos confianza en nuestra capacidad para decidir nuestro destino.

Cuando tomamos malas decisiones con frecuencia sobre nuestra alimentación (o somos totalmente inconscientes, preguntándonos aún cómo fue que nos comimos ese tercer plato de macarrones con queso), podemos sentirnos culpables, avergonzados, tristes o apenados. ¿Cuántas veces no te has regañado por comerte una dona sólo porque estaba ahí? Estas emociones negativas, cuando se activan crónicamente, pueden golpear fuertemente nuestra autoestima.

Podríamos llenarte de explicaciones científicas sobre por qué darle energía a tu cuerpo con los alimentos correctos ayuda a combatir el estrés, y por qué comer los equivocados hace exactamente lo contrario, pero en realidad la prueba está en la experiencia. Has vivido con tu cuerpo el tiempo suficiente para saber cómo te sientes cuando comes mal y cómo cuando te decides por alimentos sanos y energizantes.

No te diremos que no puedes disfrutar al comer la famosa lasaña de tu madre o tu postre favorito, pues estos regalos son unos de los regalos más placenteros de la vida. Más bien queremos ayudarte a que te hagas consciente de los alimentos que decides comer a diario para que cuando te *consientas*, lo hagas con conciencia y con alegría. Queremos devolverte el poder para que puedas recuperar el equilibrio y la paz mental.

ACTÚA

Hay dos cosas que puedes lograr hoy mismo: aprender a comer con conciencia y aprender a comer mejor. Cuando apliques estos dos hábitos al mismo tiempo convertirás a tu cuerpo en un aliado poderoso contra el estrés.

Come con conciencia

Si ya has intentado controlar tus hábitos alimenticios sin éxito, quizá seas escéptico ante que tengamos algo nuevo que decirte, pero hay una razón por la que tus intentos no han dado frutos hasta hoy. Si no estás consciente de las decisiones que estás tomando —no sólo sobre lo que comes, sino *por qué* lo comes—, es difícil que consigas cualquier objetivo que te propongas en el área de la salud.

Muchas personas tienen la intención de comer mejor, pero, ¿qué le pasa a tus buenas intenciones cuando estás estresado, tienes otras cosas en la cabeza o incluso cuando estás aburrido? Como le pasa a la mayoría, tus buenas intenciones de comer mejor se evaporan tan pronto aparece esa rebanada de tarta de manzana calentita. Comes alimentos poco saludables —o incluso comes alimentos saludables en exceso— sin pensarlo dos veces y acabas sintiéndote hinchado, culpable y más estresado que antes.

A esto se le conoce como *comer inconscientemente*. Los humanos somos seres de hábitos y, por definición, los hábitos son inconscientes pues los hacemos sin siquiera pensarlo. Esta puede ser un arma de dos filos: si el hábito es bueno —es decir, que el comportamiento es bueno para nosotros y nos acerca a nuestros objetivos, como poner una botella de agua en tu escritorio y beber de ella a lo largo del día— nos ahorra energía mental que podemos usar en otras cosas.

Por el otro lado, un mal hábito nos aleja de nuestros objetivos, como la bolsa de papas fritas que comes en las noches cuando ves la televisión. Al ser inconsciente, un hábito no aparece en tu radar para ser analizado. Necesitamos volvernos conscientes de nuestros hábitos antes de poder cambiarlos.

Para ir de comer de manera inconsciente a una consciente primero necesitas descubrir qué tipo de comedor inconsciente eres, pues hay dos tipos: el comedor emocional y el comedor multitareas. ¿Cuál de ellos se acerca más a ti?

Comedor emocional: dependo de la comida para mejorar mi estado de ánimo cuando me siento triste, ansioso, frustrado, enojado, culpable, estresado o aburrido.

Comedor multitareas: tengo comidas o botanas cuando estoy en frente de la televisión, cuando leo, manejo, hablo por teléfono o estoy en la cama.

Si no tienes una respuesta clara, puedes hacer una revisión de tus hábitos alimenticios de los últimos días. Toma nota de lo siguiente: ¿te diste un atracón? ¿Comiste mucho o comiste cuando en realidad no tenías mucha hambre? ¿Cómo te sentías o qué estabas haciendo cuando sucedió?

POR QUÉ COMEMOS EN EXCESO

En las profundidades de nuestro pasado humano, nuestros ancestros necesitaban salir y cazar para comer. Era una tarea difícil y peligrosa que involucraba el obtener una presa grande y ser atacado por otras tribus, además de enfrentarse a un terreno complicado y un clima no amigable. Estos primeros humanos necesitaban de un ímpetu lo suficientemente fuerte como para sacarlos de sus cavernas seguras y calientes. Es decir, hambre.

Pero hasta los buscadores de comida motivados por el hambre no siempre tenían éxito y no contaban con tres comidas diarias. La carne, las frutas y las verduras que encontraban no podían guardarse con facilidad para después, así que aprendieron a consumir todo en el momento. Puedes ver hacia dónde va esto, ¿no? Somos herederos de los instintos de esos primeros limpia-platos hambrientos.

El problema es que ahora la comida está disponible constantemente y nuestro estilo de vida relativamente sedentario requiere que comamos menos para que tengamos energía. Desafortunadamente, nuestros instintos no se han desarrollado a la par de nuestro estilo de vida, así que comemos en exceso.

La buena noticia es que nuestros cerebros pueden cambiar. Nuestra programación de hombre de las cavernas, a pesar de ser profunda, no tiene comparación con el poder de nuestra mente cuando decidimos cambiar de manera consciente. Puedes transformar tu cerebro cavernícola y retomar el control con las herramientas psicológicas adecuadas, como las que estás aprendiendo hoy.

Una vez que identifiques qué tipo de comedor eres, puedes aprender las técnicas que te evitarán caer en la misma trampa de siempre.

Comedor emocional

Comer se siente bien. Activa los centros de placer en tu cerebro para distraerte cuando te sientes ansioso o preocupado. Cuando te encuentras nadando en un mar tormentoso de sentimientos negativos, una dona glaseada puede funcionar como salvavidas para mantenerte a flote.

Pero la comida es una cura rápida sin beneficios a largo plazo. Cuando pasa el «subidón» por la comilona, te quedas con el mismo factor estresante... además de culpa, inflamación dañina y, en ocasiones, malestar digestivo. Desafortunadamente, esta cura puede convertirse en una adicción de consecuencias serias, así que para romper este círculo vicioso necesitamos arreglar la causa emocional por la que te refugias en la comida.

Sigue estos pasos para dejar de ser un comedor emocional:

1. **Atrapa la emoción.** Si eres un comedor emocional, el atascarte es un síntoma de una emoción negativa. La siguiente vez que te descubras buscando sentirte mejor a través de la comida haz una PAUSA. Es una oportunidad para usar tu habilidad de radar emocional para llegar al sentimiento detrás del impulso. Revisa tus sensaciones físicas: ¿sientes el peso de la tristeza, la agitación de la ansiedad? (Si la comilona ya pasó, aún hay oportunidad: repasa los hechos y analiza cómo te sentías junto antes de que se desatara.)

2. **Localiza la emoción.** Ubícala en la circunstancia en la que apareció: ¿fue cuando te enojaste por algo que dijo tu pareja? ¿Estabas ansioso en una situación social? ¿Aburrido? Trata de identificar el flujo de pensamientos específico detrás de esa emoción.

3. **Elimina el pensamiento.** Pon a prueba a esos pensamientos que alientan tu alimentación emocional. A continuación, algunos pensamientos e ideas para retarlos:

   Pensamiento: «Necesito esta comida para sentirme mejor».
   Eliminador del pensamiento: «No es cierto; la comida sólo es una ayuda falsa y corta, que cuando pase me dejará de nuevo con la misma emoción negativa».

   Pensamiento: «De verdad me siento mejor después de comerlo, así que debe estar funcionando».
   Eliminador del pensamiento: «No es cierto. Comer simplemente activa los centros de placer en mi cerebro, así que mitiga temporalmente los sentimientos negativos. Peor aún: comer en exceso me hace sentir avergonzado».

   Pensamiento: «Si no me como esto, voy a sentirme peor».
   Eliminador del pensamiento: «No es verdad. Sentir la emoción me ayudará a enfrentarla directamente».

Pensamiento: «Pero tengo hambre...».

Eliminador del pensamiento: «¿De verdad tengo hambre, físicamente hablando, o sólo estoy enojado/ansioso/triste/buscando algo que hacer?

Comedor multitareas

Es muy fácil comer mientras haces algo más: desayunar mientras estás en el auto hacia tu trabajo, navegar en Internet mientras almuerzas... Quizá pienses que esto te ayuda a ahorrar tiempo, pero el problema es que estás poniendo en riesgo un elemento muy valioso: tu bienestar físico.

No podemos hacer una tarea y verificar cuánto comemos al mismo tiempo, así que consumimos más de lo que nos percatamos y lo hacemos más rápido. Esto confunde las señales corporales de satisfacción de hambre, como la distensión del estómago o la secreción de la leptina (hormona que controla naturalmente el apetito). Si comemos rápido, ya habremos comido demasiado para el momento en que nuestro cuerpo recibe estas señales.

¿Recuerdas a los perros de Pavlov? En este famoso experimento, a los perros se les daba comida justo después de que escuchaban tintinear las llaves para abrir sus jaulas, y con el tiempo, los canes comenzaban a salivar tan pronto como oían el tintineo, sin importar si les daban de comer o no.

Pasa lo mismo si con frecuencia comes una botana al ver la televisión: irás a buscar qué comer tan pronto como enciendas el aparato, sin importar si tienes hambre o no. Los psicólogos lo llaman *condicionamiento clásico* y es la razón por la que se nos antojan de manera automática las palomitas o los dulces en cuanto entramos a una sala de cine.

Un final feliz para los comedores emocionales

Jan quizá sea uno de nuestros mejores ejemplos de cómo las herramientas que estás aprendido pueden ayudarte a escapar del entramado del comedor emocional:

«Puedo darte los detalles de cada dieta de moda de los últimos quince años, pero saberlos no me servía para nada como el entender por qué tengo que comprar una bolsa de pretzels

cuando estoy en el aeropuerto para ir a casa luego de un viaje de negocios y mi vuelo se retrasa. No tiene nada que ver con hambre. Me siento sola o preocupada de que estoy decepcionando a la gente en mi casa, así que necesito un poco de consuelo. Saber esto me ha permitido decirme: «Ok, entiendo que me siento sola, pero mejor me voy a tomar un té. O mejor aún, voy a llamar a casa». Mantener estas herramientas en mi mente en verdad ha acelerado radicalmente los cambios en mi estilo de vida: estoy en mejor forma, puedo manejar mis emociones... y ya no compro pretzels en los aeropuertos.»

La buena noticia es que a diferencia de los perros de Pavlov, tú sí puedes aprender herramientas para contrarrestar el condicionamiento. Sigue estos pasos para romper el ciclo del comedor multitarea:

1. **Atrapa el hábito:** ¿Dónde y cuándo eres un comedor multitarea? ¿Comes galletas cuando lees en la cama, cenas frente a la TV, almuerzas en tu cubículo mientras trabajas? Repasa los últimos días y enlista las veces y los lugares en los que comiste mientras hacías algo más.

2. **Localiza el hábito:** Revisa dicha lista y establece una prohibición total para comer en los lugares en los que acostumbras mientras haces otras cosas (como: el sillón, el coche, la cama) y a partir de hoy no se permite comer ahí. Identifica las actividades y ahora prohíbete comer mientras ves la televisión, manejas, etc. Si estás en cualquiera de esos lugares o haciendo cualquiera de esas actividades, pospón tu comida. Eso nos lleva a la segunda etapa de este paso: designa áreas para comer, como la mesa de la cocina, la cafetería en tu trabajo o incluso una banca en el parque, en las que tendrás tus alimentos y, esto es muy importante, *no harás nada más al mismo tiempo*. Sólo disfruta de tu comida o colación sin distracción alguna y así romperás la asociación actividad-comida.

3. **Elimina el hábito:** Enfrenta los pensamientos que te llegan cuando estás tentando a comer mientras realizas otras actividades. Aquí algunos de los pensamientos más comunes y unas ideas para enfrentarlos:

Pensamiento: «No puedo disfrutar ver la tele/películas o leer sin una botana. Así dejaré de disfrutar esta actividad».
Eliminador del pensamiento: «No es cierto. Disfruto esas actividades por sí solas, es sólo que hasta ahora las asociaba con la comida. Si otras personas se divierten al hacer estas cosas sin comer al mismo tiempo, entonces yo también puedo».

Pensamiento: «Comer mientras hago algo más me ahorra tiempo».
Eliminador del pensamiento: «¿En realidad cuánto tiempo me estoy ahorrando? ¿Vale la pena sabotear mi salud y peso sólo para ahorrarme unos minutos?».

Pensamiento: «Puedo saber cuánto como, incluso si estoy haciendo otra cosa».
Eliminador del pensamiento: «Es imposible estar totalmente concentrado en dos cosas a la vez, así que a pesar de que crea que estoy poniendo atención, seguramente no lo estoy haciendo».

SÉ TU CAMBIO: Uno de los principios reguladores de Jan dice que tu percepción crea tu realidad. Esta creencia es especialmente útil para cambiar nuestros hábitos físicos.

Por ejemplo, cuando Jan decidió que quería dejar de comer papitas (y ella ama las papitas) y mejor optar por una colación saludable, no dijo: «Nunca debo de volver a comer papitas». En cambio, utilizó imágenes positivas: «Soy una diosa y las diosas no comen papitas». Si sabes lo que eres y lo que haces como resultado, entonces sabes lo que no harás. Puedes cambiar al ser en lo que quieres convertirte, y es mucho más fácil que pelear con una voluntad vacía. ¡Las papitas no van con las diosas armadas con convicción mental!

Come mejor

Bueno, pues ya sabes *cómo* comer (conscientemente)... ¡ahora hablemos de *qué* comer!

Existen muchos planes de nutrición muy buenos. Las dietas van y vienen en términos de popularidad y, dependiendo de tu predisposición genética, gusto personal y organización, puedes encontrar la mejor para ti pues finalmente eres tú quien la prueba y decide qué es lo mejor para ti.

Dicho esto, lo que hoy sabemos sobre comida y nutrición es revolucionario en comparación con el lugar donde estábamos como cultura hace veinte años. Los avances de la ciencia nutricional nos ofrecen lineamientos simples y comprensibles para tomar decisiones inteligentes en cuanto a la comida y el Dr. Andrew nos los comparte. Al conocer estos lineamientos cambias el proceso de «¿Como qué se me antoja comer?» a «¿Qué me hará sentir bien, fuerte y saludable?». Cuando tenemos esto en mente al pensar en nuestro menú tenemos una combinación de ganar-ganar con lo que sabe bien y nos hace sentir bien.

RECETA DE ADAM PARA COMER MEJOR

• **Cuida la cuenta calórica y la calidad de las calorías.** No necesitas contar todo lo que entra en tu boca, más bien ten una idea general de cuánto estás comiendo y asegúrate de que las calorías que estás ingiriendo sean nutritivas.

• **Olvídate de los «blancos».** Los carbohidratos ayudan a tu cerebro a producir la serotonina, un neurotransmisor que da tranquilidad y levanta el ánimo, pero no todos los carbohidratos son iguales. Los complejos —como los que hay en los granos enteros— son una mejor opción que los carbohidratos simples o refinados —como el azúcar blanca, la harina blanca y similares—, ya que también contienen más vitaminas, fibra y minerales.

• **Evita la comida frita.** Está llena de grasas no saludables que favorecen las enfermedades cardiacas.

• **Sáltate el refresco.** Son calorías desperdiciadas (tomar agua mineral o carbonatada está bien). Hay estudios que demuestran la relación entre su ingesta y la diabetes tipo 2.

• **Colorea tu plato.** Busca tener una mezcla colorida de frutas y verduras en tu dieta diaria. Mientras más variedad, mejor.

• **Escoge la proteína sin grasa.** Bájale a la carne roja y come más pescado de agua fría, como el salmón.

• **Corta la sal.** Mejor usa especias, es un cambio fácil.

Evita los aceites parcialmente hidrogenados. Lee las etiquetas y aléjate de estas grasas no saludables.

- **Facilítate las cosas.** Saca de tus repisas la comida chatarra que normalmente se te antoja y reemplázala con alternativas más saludables, como colaciones de granos enteros, fruta y yogur.
- **Haz porciones.** Sirve tu comida o colación antes de comértela. El sentarte con una bolsa de papitas o una caja de chocolates sólo aumenta la tentación de seguir comiendo.
- **Lee las etiquetas.** Es importante saber qué contiene lo que te estás comiendo. Estate atento al alto contenido en azúcar, grasas trans o hidrogenadas, jarabe de maíz de alta fructosa y calorías en exceso.
- **Haz una pausa.** Cuando hayas comido la mitad de tu porción, deja de comer durante unos minutos. Respira. Reflexiona. Conversa con tus comensales. Dale oportunidad a tu cuerpo de que mande la señal de que está satisfecho a tu cerebro. Si después de haber hecho esta pausa no estás satisfecho, sigue comiendo y acábate la segunda mitad y nada más. Si te sientes satisfecho, guarda la comida que quedó para después. Cuando tomas una buena decisión alimenticia, asegúrate de gozar la sensación de orgullo que trae consigo.

ALIMENTOS QUE ARRUINAN EL ESTRÉS

Incluye en tu dieta alimentos que ayudan a combatir el estrés, que contengan vitaminas y minerales poderosos para reforzar tu mente y tu cuerpo:

- **Vitaminas B.** Este tipo de vitaminas que incluyen B6, B12 y folato es esencial para la producción de neurotransmisores que calman la ansiedad e inducen placer, como la serotonina, el ácido gamma aminobutírico y dopamina. También son un buen relajante muscular. Algunos alimentos ricos en vitaminas B son garbanzos, lentejas, atún de aleta amarilla, ejotes, leche, yogur, salmón, pollo, espárragos y avena.

- **Magnesio.** Al igual que las vitaminas B, el magnesio ayuda a producir el neurotransmisor ácido gamma aminobutírico y la dopamina. Y también es un excelente relajante muscular. Los alimentos con gran contenido de magnesio son almendras, amaranto, espinaca, semillas de girasol, tofu y arroz salvaje.

- **Omega 3-s.** La deficiencia de estos ácidos grasos clave se ha ligado con la depresión y los cambios de humor. También sirve para reducir la inflamación que, como sabes, puede ser provocada por el estrés. Es importante hacer del omega-3 parte de nuestra dieta regular, ya que nuestro cuerpo no lo produce. Algunos alimentos ricos en omega-3 son: salmón, sardinas, ostiones, halibut, linaza y nueces.

- **Vitamina C.** Cuando estás estresado, tu cuerpo produce cortisol, una hormona que ayuda a guardar grasa en el abdomen. Lo peor es que demasiado cortisol a largo plazo puede dañar las células cerebrales. La vitamina C puede ayudar a prevenir este tipo de daño celular y al mismo tiempo mantiene fuerte a tu sistema inmunológico. Para aumentar tu ingesta de vitamina C, come brócoli, coles de Bruselas, jugo de naranja, pimientos rojos y verdes, y fresas.

Con las herramientas de hoy, vas en el camino correcto a mejorar tus hábitos alimenticios y a tomar control de tu salud física. Tómate un momento para grabarlo bien en tu mente. Olvídate de la frustración, de tratar de comer bien y fallar o darte por vencido. Ahora tienes la capacidad de hacerte consciente de tus hábitos y romper con los que no te sirven. Y si antes llenarte de energía era una lucha, ahora por fin entiendes que cuando se trata de cambiar, tú eres quien decide.

Mi plan para volver a llenarme de energía correctamente

Quiero trabajar esta habilidad porque:

El tipo de comedor inconsciente que soy es:

Mi plan para superar este estilo inconsciente de comer es:

Los cambios que haré de la lista del Dr. Adam son:

Incluiré en mi dieta diaria estos alimentos para combatir el estrés:

Día **6**

Navega alrededor de las creencias iceberg

Recompensa: control de los arrebatos
emocionales y una tranquilidad más profunda

¿Alguna vez has tenido un arranque emocional realmente grande, del que después pensaste «¿De dónde salió *eso?*»? Si tu respuesta es afirmativa, estás en buenas manos. Nos ha pasado a casi todos al menos una vez. Aquí algunos ejemplos de integrantes de *En equilibrio*:

> *«Pateé un parquímetro y le gritoneé al policía de tránsito*
> *que me multó porque me pasé por dos minutos.»*
> *Robert, 53 años*

> *«Cuando el joven de la tienda de computadoras me dijo que tardaría una semana*
> *en arreglar mi computadora, me solté llorando en medio del lugar, con sollozos y todo.»*
> *Nalani, 27 años*

> *«Mi hijo me llamó de la escuela para pedirme que lo recogiera*
> *porque no se sentía bien, pero yo tenía que ir a una reunión importante*
> *en 15 minutos. Entré en pánico al intentar decidir qué hacer.»*
> *Eve, 42 años*

Estos arrebatos suceden cuando chocamos, sin saber, con *creencias iceberg*: grandes creencias que tenemos sobre nosotros, nuestro mundo y nuestro futuro. Hoy vas a descubrir cómo desenterrar tus icebergs y desviar tu pensamiento cuando enfrentes uno para calmar estas tormentas emocionales.

EL DESARROLLO DE LOS ICEBERGS

Hasta ahora hemos hablado mucho del impacto que tiene un pensamiento defectuoso en nuestras emociones, pero ¿qué pasa con el poder de nuestras creencias? Ya sabes, esos supuestos que tenemos metidos hasta el hueso sobre cómo debieran ser las cosas. ¿Qué pasa si esos supuestos no son precisos?

Albert Ellis y Aaron «Tim» Beck, padres de la terapia cognitiva, señalaron que los pensamientos defectuosos pueden obstaculizar nuestra felicidad, productividad y experiencia general de éxito en la vida. Ellis los llamó «creencias irracionales» y Beck se refirió a ellos como «supuestos subyacentes».

En su trabajo en la Universidad de Pensilvania, Andrew comenzó a ver que estas creencias se parecían mucho a los icebergs en que el 99 por ciento de ellos yace escondido, y él y sus colegas las llamaron así. La punta del iceberg es lo que tenemos consciente, pero el resto —nuestro subconsciente— es lo que realmente controla todo. Andrew y sus colegas desarrollaron un sistema de pasos para ayudar a las personas a sacar los icebergs a flote y, lo más importante, a aprender a navegar alrededor de ellos. Eso es lo que vas a aprender hoy.

Si una oleada emocional es tan fuerte que te toma por sorpresa, es casi seguro que te has topado con una creencia iceberg. Andrew explica que los icebergs se muestran como reglas sobre cómo creemos que deben de ser las cosas y cómo nosotros y los demás debieran de comportarse, por ejemplo, «el mundo debe de ser justo» o «necesito ser una madre perfecta». Algunas veces son condicionantes, como «si no puedo hacer algo a mi manera, mejor no lo hago».

Todos comenzamos a desarrollar estas reglas desde que tenemos conciencia, lo que sucede básicamente cuando nacemos. Para cuando tenemos diez años ya son muy pronunciadas. Como adultos ni sabemos que aún las llevamos con nosotros mismos, lo arraigadas que están estas reglas y qué tan escondidas están bajo la superficie de nuestra cotidianidad. Si de alguna manera nos topamos con ellas, quizá nos riamos de lo pasadas de moda que suenan, pero es impresionante cómo ese memorando no llegó a todos los departamentos de nuestro cerebro de adulto.

Digamos que tú, siendo el mayor de seis hermanos, desarrollaste la creencia de que «siempre necesito estar al mando porque si no lo hago, las cosas salen mal». Parece tonto cuando lo lees, casi como si no pudiera ser cierto, pero si no lo creyeras así, no estarías corriendo como loco para controlarlo todo. La prueba está en nuestro comportamiento que, recuerda, *siempre* se alimenta de nuestros pensamientos.

CREENCIAS ICEBERG: Grandes creencias que tenemos sobre nosotros mismos, nuestro mundo y nuestro futuro. Por lo general, se muestran como reglas sobre cómo creemos que deben de ser las cosas y cómo nosotros y los demás debiéramos actuar.

Romper el código de tus icebergs puede ser un gran agente de cambio para tu vida, pues estos pueden ser los creadores de tu caos, meterse en tu camino al intentar apegarte a una dieta o detenerte cuando se trata de aprovechar las oportunidades. Si tienes un iceberg que determina que tú deberías de ser todas las cosas para todas las personas, sin duda estás haciendo mucho más que el superhéroe más poderoso (y por eso cargas con esa gran cantidad de estrés en tus hombros). Si crees que tu familia es primero en cualquier circunstancia, es poco probable que decidas tomarte un tiempo para cuidarte porque estarás muy ocupado satisfaciendo las necesidades de tu familia (lo que afecta tu salud y tu resistencia en general). Si tienes un iceberg que dice que debes de evitar la vergüenza a toda costa, seguramente huirás de intentar cosas nuevas (y te mantendrás estancado en lo neutral, si bien te va).

Las creencias iceberg están muy arraigadas y son poderosas, y alimentan nuestras emociones. Mientras más arraigado está un iceberg, mayor es el caos que causa en tu vida, pero también al derretirlo obtienes un beneficio mayor. Si nos hacemos cargo de nuestros icebergs, ganamos un control enorme sobre nuestros sentimientos y nuestras vidas. Derrite un iceberg y todos los eventos que desencadena desaparecerán con él.

Toma como ejemplo a Meagan, de 42 años, quien se dio cuenta de que la ansiedad se apoderaba de ella en diferentes situaciones, pero no podía entender por qué. Normalmente, ella no es ansiosa y no se preocupa por muchas cosas, pero con los años se dio cuenta de que le temblaba la voz si tenía que hablar en la reuniones de maestros y padres de familia, y que le sudan las manos y el corazón le late con más fuerza cuando visita a su familia política. Supo que algo más profundo debía estar pasando cuando alguien nuevo se unía a su clase de tenis semanal, pues se ponía nerviosa y cohibida, dos sentimientos que por lo regular no experimenta.

Al usar el programa de *En equilibrio*, Meagan descubrió una creencia iceberg: «debo parecer capaz y en control todo el tiempo». De repente, todos esos eventos sin relación alguna tenían sentido: estaban unidos por el iceberg, que hacía un corte transversal en su vida y hacía de las situaciones de desempeño una apuesta fuerte.

Hasta este momento del programa hemos hablado sólo de los pensamientos automáticos y los estilos que desarrollamos alrededor de ellos. Las fuentes de pensamiento en lo general se tratan de lo que está pasando en ese momento y ese lugar, así que es fácil llegar a ellas. Pero estos pensamientos sólo se dirigen a lo que se asoma por la superficie y cuando se trata de un iceberg hay mucho más de lo que se puede ver. Sólo porque no veamos las partes ocultas no significa que no estén ahí, de hecho es justo eso lo que las hace más peligrosas.

Lo que es más interesante sobre las creencias iceberg es que la mayoría de ellas son espadas de doble filo. Una creencia como «debería hacer todo perfecto» quizá te lleve a trabajar duro y sobresalir por ello, todo muy positivo. Aunque en el otro extremo, significa que la perfección es lo mínimo que aceptas, y como humano es imposible de lograr. Eso significa que tu idea y tu realidad están totalmente alejados y, como sabes, eso trae tristeza y pena por no poder cumplir con tus propias expectativas.

El valor de un iceberg es altísimo, gracias a que refleja con precisión nuestros valores y forma de ver el mundo. Por ejemplo, Joyce, de 55 años, es la directora de una preparatoria. Joyce tiene la creencia iceberg que «cualquiera puede tener éxito si se esfuerza suficiente», que la alimenta a ser una educadora inspiradora con el número de graduados más alto de su distrito. Ese iceberg le ayuda en ese escenario.

Sin embargo, el desempeño académico combina el talento y el trabajo duro, y algunos niños simplemente no tienen el mismo nivel de talento. Si uno de los alumnos de Joyce no sobresaliera tanto, a pesar de la motivación que ella le da, entonces muy probablemente ella haría juicios sobre ese alumno (y sobre ella) que pudieran ser injustos, como: «Este alumno no está trabajando lo suficiente» o «Aún no lo incentivo de la manera adecuada» porque su iceberg es impreciso. Ella tiene buenas intenciones, pero esta creencia puede causarle problemas con alumnos que no cumplan con ella, o con ella misma si es que no cumple con sus propias expectativas. El intentar hacer que un estudiante mejore al motivarlo, a pesar de que ya está dando su máximo esfuerzo, quizá sea una pérdida de tiempo porque el problema puede estar más bien en un mal hábito de estudio. Hay situaciones en las que su iceberg le sirve y otras en las que no.

Algunos icebergs no son útiles o precisos del todo, como «Nunca debo de mostrar lo que siento» o «Todos siempre te decepcionarán». Pueden ser completamente erróneos o simplemente caducos. Es normal que un niño desarrolle una creencia como «Necesito que me cuiden todo el tiempo», pero puedes imaginarte que esa creencia no ayudará mucho a tener una relación adulta exitosa.

CUANDO LOS ICEBERGS CHOCAN: ¿Alguna vez te has sentido jalado en dos direcciones opuestas? Con frecuencia, los conflictos internos son causados por el choque de dos icebergs que compiten. Por ejemplo, si tienes la creencia «Siempre debo ver por mi familia» con «Necesito sobresalir en todo lo que hago», puedes imaginarte el estrés que hará erupción a las seis de la tarde cuando te esperan en tu casa para cenar y aún tienes que acabar con unos pendientes para una entrega en tu trabajo. La realidad es que las creencias iceberg nos llevan a estándares inalcanzables y con ello nos generan más estrés. En el día 10 aprenderás a desviar tus icebergs para evitar estos choques y a lograr el equilibrio entre tu vida personal y tu trabajo.

Cuando nos topamos con estos icebergs, las repercusiones del estrés pueden ser enormes: pensamiento confuso, parálisis, pánico, ira y más. Si tienes una creencia iceberg de que las cosas deben ir sobre ruedas, si pierdes un tren o no llegas a tu objetivo de ventas, tu mundo se derrumbará y probablemente te lleve a darte por vencido en las cosas que no son fáciles pero sí importantes, como una dieta o un plan de ejercicio. Como su nombre, las creencias iceberg son difíciles de esquivar e incluso pueden hacer que naufragues.

Al final de este día sabrás cómo identificar fácilmente a las creencias iceberg, clasificarlas y navegar a su alrededor.

ACTÚA

Antes de que puedas navegar alrededor de las creencias iceberg (o derretirlas o mantenerlas... muy pronto hablaremos de ello), necesitamos hacernos cargo de tus creencias más arraigadas.

Hay tres sabores diferentes de icebergs y cada uno representa diferentes áreas de nuestras vidas: logro, social y control.

• El área del logro incluye a la escuela, el trabajo/carrera y roles oficiales y no oficiales en nuestra comunidad u organizaciones. Algunos icebergs de logro comunes son:

- *«Ser exitoso es lo más importante.»*
- *«El fracaso es una muestra de debilidad.»*
- *«Nunca debo darme por vencido.»*
- *«Debo de hacer todo bien.»*
- *«Si no puedo hacer algo perfectamente, mejor ni lo intento.»*
- *«Debo ser profesional en todo momento.»*
- *«La gente debería trabajar duro sin importar lo que hagan.»*
- *«Estoy hecho para ser exitoso/rico/influyente.»*
- *«A cualquiera de mis hijos le debe de ir bien en la escuela/ser popular.»*

• El área social incluye el mundo de las relaciones, parejas íntimas, hijos, suegros, hermanos, integrantes de la familia extendida, amigos y conocidos. Algunos icebergs sociales son:

- *«Es mi responsabilidad que los demás sean felices.»*
- *«Quiero que los demás siempre piensen lo mejor de mí.»*
- *«Evita los conflictos a toda costa.»*
- *«No puedes confiar en nadie.»*
- *«Siempre debo estar disponible para las personas que quiero.»*
- *«Los esposos siempre deben poner en primer lugar a su pareja.»*

• El área del control involucra cómo te relacionas con un mundo errático, tener maestría sobre tu vida, apegarte a un régimen o calendario, que las cosas salgan como quieres o sentirte seguro y protegido. Los icebergs de control más comunes son:

- *«Las personas fuertes no piden ayuda.»*
- *«No puedo con las situaciones desordenadas.»*

> • «*Las cosas buenas les pasan a las personas buenas; las malas a los malos.*»
> • «*Si quieres que esté bien hecho, hazlo tú mismo.*»
> • «*El mundo debe ser justo.*»
> • «*La gente incompetente debería salir de mi camino, (¡especialmente si está en la calle!).*»
> • «*Las personas siempre deben ser puntuales.*»
> • «*Debería estar permitido que yo coma/haga/compre/vista lo que quiera.*»
> • «*Las cosas deben de funcionar adecuadamente.*»

Hay dos maneras de identificar a tus icebergs personales. La primera: echa un vistazo a todas las creencias iceberg más frecuentes de la página anterior y escoge las que más te resuenan. Debido a que algunas no te sonarán nada, pueden parecer ridículas e irrisorias. Una persona que no tenga la creencia «El fracaso es una muestra de debilidad» puede pensar que es una idea absurda. Sáltate ésas y sigue leyendo. Cuando te encuentres asintiendo al leer, sabrás que encontraste una que aplica para ti.

La segunda manera es que hagas memoria y recuerdes un situación muy emocional que hayas tenido hace poco —mientras más reciente, mejor—: ¿tu reacción estuvo fuera de proporción? Si es así, ahí tienes una señal para saber que hay un pensamiento que alimenta una emoción más grande. El pensamiento a veces pasa tan rápido que ni siquiera lo vemos. Pero si lo lentificamos lo más que se pueda, podremos ver que hay una idea ahí que nos está sacando del camino.

¿CÓMO IDENTIFICAR UN ICEBERG?

• Busca los *debo* y *debo de*, siempre son buenos soplones. También los *necesito*, *tengo que*, *se supone que* y frases similares.
• Busca una oleada emocional desproporcionada de acuerdo con lo que justifica el evento. Si te vuelves loco porque derramaste café sobre tu playera, tienes una pista de que hay un iceberg por ahí (quizá «Siempre debo de mostrar mi mejor cara al mundo»).

Andrew cuenta una historia clásica en sus talleres sobre este desencuentro emocional. Un hombre, llamémoslo Michael, tuvo que quedarse despierto toda una noche para acabar un proyecto de emergencia para un cliente. Estaba trabajando desde su casa y su esposa estaba abajo leyendo. Era una noche en la que pasaba el camión de la basura y a él le tocaba sacarla. Michael escuchó que el camión se acercaba a su casa, y sabía que también su esposa podía escucharlo. Él pensó: «Ella sabe lo ocupado que estoy en este momento, seguro ella sacará la basura por mí». Un minuto después, su esposa entró a su oficina y le dijo que sacara la basura.

Michael no respondió bien, le soltó un «OK» a su esposa y murmuró una grosería mientras ella se dirigía a las escaleras, y entonces decidió no sacar la basura ni esa noche ni ninguna otra. Caminaba de una pared a otra en su oficina, como animal enjaulado, con los puños cerrados y el corazón palpitándole, mientras sentía cómo la ira le enrojecía la cara. Le tomó una hora calmarse de nuevo y retomar su trabajo. Una hora completa perdida, en comparación con los cinco minutos que le hubiera tomado ir a tirar la basura. No sólo perdió tiempo y concentración esa noche, también le robaron la gracia y la resiliencia.

Si tú eres como Michael, lo importante está en ver y evaluar el evento en su forma más básica, sin editorializar. Primero, sé claro con los hechos y nada más que eso. ¿Qué pasó realmente? En este ejemplo, Michael tenía que sacar la basura. Eso es todo. Bueno, ¿qué pasa contigo, cuál es tu momento de «tirar la basura»?

Después evalúa si el evento justificaba tu reacción. En términos de valor, ¿en realidad se trataba de una violación a los derechos de Michael? ¿Qué tanto le costaba levantarse e ir a tirar la basura? Máximo cinco minutos. En una escala de 1 a 10, esta violación quizá era de 1 o 2. Pero su nivel de enojo estaba por el 9: una desconexión clara entre el evento y la respuesta emocional, que indica que un iceberg ha metido su fría masa en esta mezcla.

¿Recuerdas los ejemplos al principio de este capítulo? Lo que pasó con Robert fue que obtuvo un boleto del parquímetro: básicamente ése es el hecho. ¿Eso merecía el berrinche para aumentar la presión arterial y el dedo adolorido por patear el parquímetro? Nalani se enteró de que su computadora tardaría en estar lista en seis días, eso fue todo lo que pasó. ¿Eso amerita una debacle completa e hiperventilarse? Ya ves hacia dónde vamos... obviamente está pasando mucho más de lo que se puede ver, así que necesitamos ir a la raíz para desengancharnos.

¿Cómo?

Empieza por lo que sabes: los hechos tal cual sucedieron, y trata de aislar el pensamiento que pasaba por tu cabeza en ese momento. En el caso de Michael, su esposa le pidió que sacara la basura y eso desató el pensamiento de que ésta era una violación de tiempo perdido.

EXCAVA PROFUNDO PARA IDENTIFICAR A LOS ICEBERGS

1. Al ver los hechos tal cual sucedieron, ¿por qué me molesto tanto?
2. ¿Qué significa (respuesta a la pregunta #1) para mí?
3. ¿Qué es lo peor de (respuesta a la pregunta #2)?
4. Si asumo que la respuesta a la pregunta #3 es verdad, ¿por qué me molesta tanto?

Ahora responde a las siguientes preguntas para llegar a la raíz. Así sería en el caso de Michael:

Pregunta #1: Al ver lo que sucedió, ¿por qué me molesta tanto?
Respuesta: Porque ella interrumpió mi trabajo, que es muy importante, por algo trivial.

Pregunta #2: ¿Eso (respuesta a pregunta #1) qué significa para mí?
Respuesta: Que mi esposa no respeta mi trabajo.

Pregunta #3: ¿Qué es lo peor de (respuesta a pregunta #2)?
Respuesta: Que ella no me respeta, porque ella sabe lo importante que es el trabajo para mí.

Pregunta #4: ¿Y eso por qué me molesta tanto?
Respuesta: Porque la gente debería de apoyarme y respetarme todo el tiempo.

¡Eureka!

Ahí estaba: «La gente debería de apoyarme y respetarme todo el tiempo». Cuando llegamos a *debe de* sabemos que hemos llegado. El truco está en seguir profundizando hasta que llegues a esa creencia absoluta y amplia. Date cuenta de que ahora entendemos de dónde vino esa gran respuesta emocional de Michael. Perder cinco minutos no justifica un enojo de nivel 9, pero que tu pareja viole una de tus reglas básicas de vida (como lo veía Michael) sí.

Por cierto, el «Michael» de esta historia es Andrew: se trata de un hecho que de verdad le pasó hace mucho tiempo y fue el catalizador que lo llevó a trabajar sobre las creencias iceberg que hoy estás conociendo y que incluye el método garantizado para rodearlas una vez que las descubres.

Ahora aprendamos cómo navegar alrededor de esos icebergs problemáticos.

Hay tres formas de manejar una creencia iceberg: aceptarla, derretirla y rodearla. La que escojas depende de la utilidad del iceberg.

Acepta el iceberg (mientras rasuras las puntas problemáticas)

Algunos icebergs reflejan lo que nos gusta de nosotros mismos y queremos conservar, como «Siempre debo estar para las personas que amo». Esos valores fundamentales son dignos de conservar, pueden motivarnos y hacernos sobresalir.

Pero al saber que todos los icebergs tienen una desventaja, debemos reconocer cuando sus salientes están causándonos un conflicto. Por ejemplo, si tus padres —que están envejeciendo— viven a 5 mil kilómetros, no puedes estar para ellos siempre, así que debes ser realista. El truco está en conservar el valor de la creencia, pero rasurar las salientes que nos causan problemas.

Pongámoslo en acción: «La gente siempre debe ser puntual» es un gran iceberg para la puntualidad, pero ¿qué pasa cuando se te hace tarde por circunstancias que no previste? Un camión descompuesto está fuera de tu control, sin importar con cuánta anticipación hayas salido para llegar a una cena. Cuando sientes una *gran* frustración tienes una señal de que hay un iceberg cerca. También es el momento para evaluar ese iceberg; si decides que es uno que quieres conservar, pero que *no te está sirviendo en esta situación en particular*, encuentra la manera de que no te afecte. La clave está en descifrar cómo llegar a un arreglo sin sentir que estás quebrantando uno de tus valores fundamentales.

En esta situación específica, estás topando con un iceberg de control, y en la vida hay límites que puedes y que no puedes controlar. Algunas veces debes ser comprensivo contigo mismo y ser flexible con tus reglas. No hay nada que puedas hacer —literalmente— con el camión descompuesto que está causando tu retraso, pero sí depende de ti si vas a permitir que esta situación se haga cargo de tus emociones. Recuerda: hay eventos que no puedes controlar, pero sí puedes cambiar cómo respondes ante ellos.

Un mantra puede ser útil aquí, algo que te repitas cuando te enfrentes a tu iceberg. Con dicho mantra puedes solucionar el problema tranquilamente y realizar el control de daños necesario.

Por ejemplo, volvamos con el camión descompuesto. Ahí estás, parado y atrapado, y no puedes hacer nada al respecto. ¡Argh! Pues seguir echando chispas, pero eso no te ayudará a resolver el problema. O puedes hacer esto:

«Voy a llegar tarde a mi cita y no hay nada que pueda hacer. Lo supe desde que me encontré con mi iceberg de puntualidad, así que tengo dos opciones: choco contra el iceberg y me frustro y me pongo nervioso, o hago algo para mitigarlo. Bueno, lo primero es llamarle por todos los medios (dejar mensajes de voz, enviar correos electrónicos) para alertar a la persona con quien voy a cenar de que voy tarde. Bien. Ya controlé el daño con esta persona, ahora vayamos conmigo.

*¿Qué es lo que me molesta más de esta situación? Que esta persona pensará que no soy el tipo de persona puntual. Bueno, es ridículo. Llego a tiempo 99 de 100 ocasiones. Incluso con este evento, mi reputación está intacta. Es tiempo de relajarme un poco conmigo mismo y darme cuenta de que **soy un ser humano y a veces suceden cosas.**»*

El tener un mantra como éste te permite manejar los conflictos internos que surgen cuando tu vida diaria requiere que te vuelvas flexible sobre tus icebergs fundamentales.

CUANDO NUESTROS ICEBERGS DE SEGURIDAD SE SACUDEN

Ningún iceberg de control es tan grande como los que tenemos sobre el bienestar de las personas que queremos. Somos buenísimos para crear ciertos parámetros mentales para sentirnos seguros: si creemos que las cosas buenas les pasan a las personas buenas y las cosas malas sólo a los malos, o que la gente que se cuida no se enferma, entonces sentimos que tenemos un poco de control. Pero el 11 de septiembre rompió ese iceberg para muchas personas y fue muy inquietante. De repente, nos sacudieron el mundo y nos dejaron pensando: «Si les pasó a ellos, puede pasarme a mí». Nuestra seguridad se fue, pero en realidad se trata de una verdad a medias. Sí tenemos una parte de control sobre nuestra salud y nuestra protección, pero no tenemos control absoluto porque vivimos en un ecosistema que incluye otros factores.

Nada es totalmente fortuito y nadie es completamente controlable. La vida no tiene garantías y eso es parte de su encanto. Una vez que nos hagamos conscientes de hasta dónde llega nuestro control, dejamos de intentar alcanzar lo que está fuera de nuestras manos y ejercer nuestro poder en donde sí tiene cabida. Podemos soltar y dejar que la vida suceda, con lo que tendremos una sensación más grande de paz.

Derrite el iceberg

Los icebergs que formamos en la infancia con frecuencia tienen más desventajas que ventajas. Por ejemplo, «Todos me deben de respetar en todo momento» no está justificado, pues casi puedes escuchar el pataleo y el cruce de brazos de un niño. Esta creencia te causará mucho más dolor y frustración que bienestar, así que necesitamos derretir ese iceberg o moldearlo en uno sobre respeto que sea más sostenible.

Quizá «Merezco respeto básico, pero eso no significa que la gente cumpla cada uno de mis deseos» te funcione mejor. En ese caso, no tienes una expectativa totalmente irracional y no te volverás loco si el mecánico dice que no podrá arreglar tu auto hasta la semana próxima (y eso si es que repara tu carro en cuanto llegue o espera hasta que reciba todas las partes). Cuando genuinamente no estés recibiendo el respeto *que te mereces*, entonces puedes actuar apropiadamente.

La clave está en encontrar un mantra —un «rompehielos»— que te repetirás cuando choques con tus icebergs para que con la práctica logres derretirlos. A continuación algunos ejemplos:

Creencia iceberg: «Todo lo que hago debe de ser perfecto».

Rompehielos: «Aquí estoy otra vez pensando que tengo que hacerlo todo bien. Nadie puede hacerlo. No soy Supermujer. No seré rehén de ese iceberg, cual pieza de museo de mi infancia. Como adulta que soy, sé que está bien buscar el éxito, pero la perfección nunca es la meta».

Creencia iceberg: «Necesito que me cuiden todo el tiempo».

Rompehielos: «Aquí hay un iceberg flotando desde mi pasado. Como adulta, me he cuidado por años; he sido capaz de hacerlo antes y lo puedo hacer ahora también».

Creencia iceberg: «Trabajo fuerte, así que merezco comer lo que quiera».

Rompehielos: «¿Según quién? ¿Qué derecho o poder tengo para comer lo que quiera? Los cuerpos y metabolismos no trabajan así todo el tiempo. El mío no y mucha gente tampoco puede hacerlo así. Incluso aquellos que comen todos los postres que quieren y no suben de peso están dañando sus cuerpos al hacerlo».

Rodea el iceberg

Algunas veces te toparás con icebergs que no te ayudan, pero que emergen en ocasiones muy específicas. Por ejemplo, muchos hombres han desarrollado el siguiente iceberg: «Un hombre de verdad puede arreglar todo», que los lleva a ponerse ese cinturón de herramientas una vez al año y arriesgar su vida —y algún miembro—, al intentar arreglar el aire acondicionado. Cuando fracasan al hacerlo, se frustran y se deprimen. ¡No han cumplido como hombres! La buena noticia es que sólo chocarán con este iceberg en estos estrechos.

El derretir icebergs puede requerir de muchos recursos y no es inmediato. Reto... derretir... reto... derretir. Es un proceso. Así que debes de escoger los icebergs a lo que quieres dedicarles tu energía mental. Algunos surgirán sólo en situaciones específicas, como cuando visitas a tus suegros. Estos icebergs no cortan de tajo tu vida, así que no merecen ser derretidos, pero sí necesitas un mapa para saber cómo sortearlos.

Intenta ubicar uno de esos icebergs que aparecen sólo en situaciones específicas, lo que te ayudará a planear con antelación las dificultades. ¿Suceden cuando necesitas arreglar algo en tu casa, cuando hay un evento en la escuela de tu hijo o el día en que hay que pagar impuestos?

Después piensa en los pasos que puedes seguir para minimizar su efecto en estas circunstancias en particular. Aquí algunos ejemplos:

Creencia iceberg: «Mi familia me debería tratar con amor y respeto todo el tiempo».

Cuándo surge: Cuando mi hijo adolescente me desobedece, me responde o se desquita conmigo, me enojo mucho.

Rompehielos: «Ésta sólo es una etapa por la que está pasando, es un adolescente, así que está probando los límites y descifrar el mundo y su lugar en él. Es parte de su crecimiento, no es personal. Sin embargo, es mi derecho y mi trabajo hacer que cumpla ciertos estándares y ciertas reglas. Me permitiré esperar hasta que las cosas se calmen y después le diré lo que espero de él, sin gritos».

Creencia iceberg: «Si alguien acepta un trabajo, debe hacerlo de la mejor manera (y si no lo hace, mejor que renuncie y se lo dé a alguien más)».

Cuándo surge: Cuando un mesero o una mesera toma mal mi orden. Me vuelve loco.

Rompehielos: «Tomar mal mi orden no quiere decir que no le importe hacer un buen trabajo. Esta persona está en un trabajo en el que debe controlar varios factores. Quizá yo necesite ser más compasivo. Además vine a disfrutar de mi cena con mi acompañante, no a ser vigilante del mesero, ése es trabajo del gerente, no mío».

A partir de hoy puedes decirle adiós a las explosiones emocionales grandes y darle la bienvenida a un mayor sentido de dominio sobre tu mundo. Identificar y navegar alrededor de las creencias iceberg tiene un efecto poderosísimo en tu capacidad para hacer todo, desde apegarte a un régimen de ejercicio hasta lograr la armonía del equilibrio entre tu trabajo y tu vida personal. Si necesitas tomar un día extra o dos para esta herramienta, ¡hazlo! Así de importante es. Esto llega al corazón de muchas situaciones que nos causan estrés y nos puede llevar a navegar en aguas más calmadas.

Es tu turno. ¿Cómo navegarás por tus icebergs?

Mi plan para navegar alrededor de las creencias iceberg

Los icebergs de valores fundamentales que quiero conservar a largo plazo, pero que en ocasiones me generan conflictos son:

¿Qué me diré a mí mismo para rodear la respuesta emocional que cada uno crea?

Mis icebergs incorrectos o que ya no me sirven son:

Los rompehielos que me diré para derretirlos son:

Los icebergs que se me aparecen ocasionalmente son:

Estos icebergs suelen aparecer cuando:

Los pasos a seguir para minimizar su efecto son:

Día 7

Destierra el agotamiento extremo

Recompensa: mayor satisfacción en tu vida diaria

Este día es decisivo. Hoy vamos a mostrarte nuestra fórmula comprobada para desterrar el agotamiento extremo para que puedas despertar y vivas tus días con energía, equilibrio y felicidad.

Uno de los causantes principales del agotamiento extremo es el tener más eventos negativos que positivos en el día. Suena lógico, ¿verdad? Cuando tus días están llenos de estallidos en el trabajo, de tiempos decisivos, dolores de cabeza y labores mundanas, estás a nada de sentirte frito.

> «Si nada está mal en tu vida, qué bueno. Pero esa no es la vida real: las cosas salen mal (perdemos nuestras llaves, las personas que queremos se enferman...). La vida es complicada y te maltratará, así que es vital que realcemos lo positivo para estimular nuestra resistencia.»
>
> **Andrew**

En el programa, hasta ahora hemos trabajado en resolver problemas en tu vida que te causan estrés e inhabilitan tu capacidad para manejarlo de la mejor forma. Has adquirido habilidades para regular las emociones estresantes, replantear tus pensamientos equivocados, dormir y comer mejor para dar soporte a tu resistencia física y mejorar tu concentración. Estás apagando fuegos, aquietando agitaciones y buscando la estabilidad, el piso firme. Todo eso es buenísimo.

Pero recuerda: no sólo queremos que te sientas «bien». El secreto para manejar el estrés a largo plazo es mediar lo malo *mientras incluyes lo bueno*. Eso es lo que veremos hoy.

Todos tenemos cosas buenas que nos animan y estimulan sanamente nuestra autoestima, como pasar tiempo de calidad con nuestros hijos o ser mentor de alguien en el trabajo —una cura comprobada contra el estrés—; así como todos tenemos cosas que nos desaniman, como no cumplir con fechas límite, días desorganizados, tráfico, problemas en casa. Mientras haya más eventos desafortunados, habrá más estrés; y mientras más cosas buenas tengas a tu favor, podrás manejar mejor tu estrés.

No vamos a llegar a la felicidad o satisfacción —incluso a un estado duradero sin estrés— al quedar en ceros. Si usas las herramientas de este programa para acabar con la negatividad, vas a mejorar muchísimo. Pero eso sólo nos deja en un estado neutral. Necesitamos marcar lo positivo si queremos un cambio a largo plazo. Acumular lo positivo (y como aprenderás mañana, fortalecer tu capacidad para vivir así) es tu garantía a largo plazo para estar en equilibrio.

EL SUBEIBAJA DE LA VIDA: Imagínate un subeibaja como los que hay en los parques. De un lado están los eventos malos en tu vida, y en el otro, los buenos. Si levantas los eventos malos, puedes apoyarte y quedarte ahí el tiempo que quieras. Estás seguro en un punto neutro. Pero la vida es como es e inevitablemente otro contratiempo vendrá para aterrizarte en lo negativo para enterrarte ahí, si es que no hay nada positivo que ponga peso en el otro lado. Si has llenado el extremo positivo con muchas cosas buenas, tienes un contrapeso natural que trabaja a tu favor.

Ya sabes que cuando se trata de elevar tu capacidad para manejar el estrés, lo más importante es la regulación emocional. Pero justo detrás está el calibrar de nuevo la proporción de eventos buenos y malos en tu vida. Nuestras investigaciones demuestran que alcanzar ese equilibrio es esencial para tu resistencia y sentido general de paz y bienestar.

Parece obvio, pero no estamos hablando sólo de llevar la cuenta de manera pasiva de todo lo que sucede en tu vida. Fíjate que no dijimos que «tengas», sino que «alcances» el equilibrio. Esta es una habilidad que puedes aprender voluntariamente. Tus días están llenos con eventos positivos que compensan los negativos, y hoy vamos a mostrarte cómo encontrar los que ahí están, así como a crear unos nuevos.

Haz una pausa hoy y observa la imagen completa. ¿Qué te alimenta? ¿Qué te drena? En *meQuilibrium* nos referimos a los aspectos positivos como «elevadores» y a los negativos como a «amarras». Las amarras típicas incluyen problemas en el trabajo, estar corto de dinero, la soledad, sentir que el día no tiene suficientes horas, los chismes, dificultad al equilibrar exigencias y sentirte fuera de control en tu casa o en tu vida social. Por el otro lado, los elevadores tradicionales están en tener una red de personas que te apoyen y te quieran; un ambiente limpio y ordenado; disfrutar el tiempo que pasas con tu familia, y tener actividades y esfuerzos atractivos y satisfactorios.

Para estimular tu resistencia no sólo vamos a limpiar lo malo, vamos a poner especial atención a lo bueno. Por lo general, no somos muy buenos para llevar la contabilidad de lo que pasa en nuestras vidas, y no somos justos en las cosas a las que les ponemos atención. Como especie, tenemos una tendencia a buscar lo malo, en lugar de lo bueno. Es un mecanismo de defensa profundamente arraigado. Hace miles de años no te acababas tu reserva genética si algo bueno te tomaba por sorpresa; tu preocupación eran los leones que podían salirte al camino, así que eso era ante lo que estabas alerta. Un arcoíris, a pesar de su belleza, no iba a salvarte la vida. Esto nos lleva a magnificar lo malo y a minimizar lo bueno: un pase directo al agotamiento extremo.

¿Cómo puedes lograr el equilibrio entre los elevadores y las amarras en tu vida diaria? La idea es revisar tu organización diaria y hacer un plan de acción para deshacerse de las amarras, repensar las que no pueden irse y aumentar las cosas buenas un poco más para que tus días vuelvan a tener sentido y sean más disfrutables.

LAS CUATRO ESQUINAS DEL EQUILIBRIO

Antes de actuar, veamos los cuatro elementos que se necesitan para calibrar de nuevo el equilibrio entre los eventos buenos y malos.

LAS CUATRO ESQUINAS DEL EQUILIBRIO
• Deshazte de las amarras • Replantea lo necesario • Agrega cosas buenas • Cuenta activamente

Deshazte de las amarras

Pasea a tu perro. Maneja al trabajo. Escribe tu reporte diario. Entra a una reunión. Prepara la cena. Paga las deudas.

Enfrentémoslo: algunas obligaciones de la vida son aburridas. Algunas veces nuestro calendario nos causa estrés no tanto por la cantidad de eventos, sino por su calidad. Nos puede agotar un día tras otro repletos con las mismas rutinas y al final hacernos sentir muy estresados. No queremos zafarnos de nuestra larga lista de responsabilidades y la idea de agregar algo más —incluso si se trata de algo positivo y satisfactorio— parece que aumenta el estrés. Entonces, ¿qué debe hacer una persona ocupada?

Pues conectar con algo más profundo que lo que se ve a simple vista. Espera un momento, ya te explicamos.

Todos tenemos que hacer muchas cosas que consumen nuestra energía, y los quehaceres encabezan esa lista. Ir al súper, llevar a lavar el coche, pagar las cuentas, organizar el garaje o los closets... todas esas cosas que debemos de hacer para que nuestra vida funcione. Por supuesto que estos eventos se sienten como un trabajo muy pesado. O pueden darte un sentido más profundo si lo concibes de una manera diferente.

Por ejemplo, pagar las cuentas puede ser aburrido e incluso molesto, pero pagar tu casa, el seguro, la tarjeta de crédito y las colegiaturas porque asegura el bienestar de tu familia le da a esta obligación un matiz diferente. Todo está en encontrar el significado detrás de cada tarea.

Hoy analizaremos tu rutina diaria para encontrar las actividades que consumen tu energía y decidiremos qué se va, qué se delega y qué debe quedarse. Y entonces rediseñaremos lo que sea necesario.

> «Como esposa trabajadora, madre de dos y una dedicada profesional he aprendido que el *equilibrio* es un mito. Pero *equilibrar* quizá haya salvado mi vida.»
> **Jan**

Replantea lo necesario

Hay algunas tareas en tus obligaciones que no puedes eliminar o delegar, simplemente tienes que hacerlas. Pero, ¿por qué? Esa es la pregunta clave.

Con frecuencia creemos que no tenemos opción y tenemos las cosas que no queremos hacer, pero en realidad sí tenemos opción. En el trabajo, no *tenemos que* respetar las fechas límite, recoger la ropa de la tintorería o pagar las deudas; estamos en un país libre y somos adultos con libre albedrío. Por supuesto que esto no significa que no habrá consecuencias: al hacer las tareas, estamos escogiendo que no haya repercusiones.

Claro que puedes decidir no entregar a tiempo una petición de tu jefe, pero eso disminuirá tus posibilidades de recibir ese aumento de sueldo o ascenso que esperabas. Puedes no pagar la cuenta de la luz, pero te quedarás en la oscuridad. También puedes dejar de lavar ropa o lavarla para dejar de ir al trabajo y verte (y oler) descuidado. Cuando pones el asunto en el plano de las decisiones, te das cuenta de que tú siempre tienes la última palabra. Buscar el «porqué» detrás de tus decisiones te ayuda a encontrar el valor de tus acciones y aligera cualquier tarea.

Por ejemplo, ir al súper: una forma de verlo podría ser «odio hacer esto. Los carritos nunca funcionan, siempre hace frío aquí, es muy molesto cargar todas esas cosas al coche y después a la casa. ¿¡Soy abogada para esto?!».

Sí, suena como una terrible amarra. Pero, ¿cuál es la verdadera razón por la que vas al súper? ¿Cuál es el fin de lo que estás haciendo? «Voy al súper a comprar alimentos que nutran a mi familia; a pesar de que no sea una gran aventura, es una buena causa». Ese pequeño cambio modifica una carga en una decisión activa y comprometida.

Agrega cosas buenas

¿Qué te llena? ¿Qué te hace sonreír? ¿Qué te da ese empujón interno de alegría, satisfacción u orgullo? Más adelante identificarás tus bienes personales y planearás cómo aumentarlos.

Cuenta activamente

Equilibrar lo positivo y lo negativo es una tarea constante, es algo que necesitas hacer todos los días y para hacerlo debes contar activamente.

Usar esta herramienta en tu vida diaria es sorprendentemente fácil: por cada cosa mala, irritante o molesta que te pase, intenta crear algo bueno para contrarrestarla y mantenla en la misma área: casa, trabajo, físico, logro, social, etcétera. Por ejemplo: si tuviste una mañana difícil con uno de tus hijos, dedica un momento a pensar qué cosa buena puedes hacer con él el fin de semana para contrarrestarlo. Si tienes algún problema en el trabajo, ponte en contacto con esa persona en quien has estado pensando para contarle una idea que te emociona. Al principio, necesitarás hacer un esfuerzo consciente, pero en unos días se convertirá en un hábito.

ACTÚA

Sigue estos pasos para incluir las cuatro esquinas del equilibrio en tu vida diaria:

Paso uno: Deshazte de las amarras

Vamos a empezar por saber cómo lidiar con la manera en que gastas tu tiempo. Al inicio de este día (o de mañana, si es que estás leyendo esto por la tarde), revisa tu agenda y tu lista de cosas por hacer para identificar las actividades —grandes o pequeñas— que odias hacer. Tu lista puede verse como esto:

Mi lista de amarras:

> Llamar a plomero para que revise la gotera del fregadero.
> Llamar a mi madre para saber cómo se siente.
> Terminar la propuesta para dársela al cliente.
> Ir al correo para regresar el suéter que compré en línea.
> Hacer una cita con el pediatra para que revise a mi hijo.
> Encontrar los recibos y facturas para enviárselas al contador.
> Participar en la llamada semanal con mis colegas.
> Cortarle las uñas al perro.

DELEGA PARA DESESTRESARTE

¿La idea de delegar te da ganas de cerrar este libro y decir que simplemente no entendemos nada? Mantén la calma: sí entendemos. Jan ha estado al mando de diferentes empresas grandes y conoce de primera mano el impulso de querer hacerlo todo ella misma, así como el valor enorme que es confiar en tu equipo y delegar.

Si delegar te genera emociones fuertes, usa la herramienta que aprendiste el día 6 para identificar y navegar alrededor de tus creencias sobre control (por ejemplo, «Debo de hacer todo yo misma si quiero que salga bien»). Mientras haces ese trabajo, aquí hay algunos de los consejos favoritos de Jan para delegar de manera efectiva:

1. Sé paciente y dale a tu equipo o colegas tiempo y espacio.
2. Confía en tu gente y piensa que sucederá lo mejor... hasta que no suceda.
3. Prepárate para redirigir cuando algo no sale como estaba planeado. Recuerda: *Redirigir* no significa *hacerte cargo.*

Una vez que tengas tu lista, léela y ve qué cosas puedes quitar o reducir. Si están relacionadas con tu trabajo, ¿puedes delegarlas a alguien más o pedirle a un colega que te ayude? Si son labores del hogar, ¿puedes pedirle a tu pareja que se haga cargo o pedirle a tus hijos que compartan responsabilidades? Si es posible, escoge una o dos tareas que puedas eliminar de tu agenda. Si no puedes, sigue leyendo: el siguiente paso, «Replantea lo necesario», es para ti.

Paso dos: Replantea lo necesario

Para esas categorías que te parecen aburridas, molestas o no placenteras, pero que necesitas conservar, replantearlas te ayudará a aligerar la carga. Encuentra el sentido que hay detrás de esa actividad. ¿Por qué la haces? ¿Cuál es el objetivo final? Revisa tu lista y replantea cada cosa. A continuación, algunos ejemplos que pueden ayudarte a replantear tus actividades pesadas:

«Estoy trabajando para tener dinero para mantener a mis hijos. A pesar de que esta tarea en específico no es importante, el objetivo mayor sí lo es.»

«No me gusta pasear al perro cuando llueve o cortarle las uñas, pero sí quiero a mi perro. Me da muchos momentos alegres y preocuparme por él lo mantiene sano.»

«Sé que tendré que esperar 30 minutos en la compañía del cable, pero el gran juego es este domingo y quiero que mi novio pueda verlo. Es un detalle con el que puedo hacerlo feliz y eso me alegra.»

«Al pagar las cuentas me aseguro de que tengamos luz, calefacción y teléfono en la casa. Es una parte que ayuda a que las cosas en la casa funcionen. Cuando mis hijos duermen bajo el ambiente seguro que proveo, me siento bien.»

«Este proyecto me ha costado mucho trabajo, pero impresionará mucho a mi cliente y seguramente hará que me recomiende y tenga más ingresos. También me sentiré muy satisfecho cuando esté terminado y eso siempre me motiva.»

«Voy al gimnasio para estar sana, por mí y por mi familia. Hacer ejercicio me da más energía y me ayuda a pensar mejor. Además, el ejercicio me hace verme bien ¡y eso es muy bueno!»

Paso tres: Agrega cosas buenas

Aún no terminamos de analizar tu lista de cosas por hacer. Ahora veamos tus próximas actividades y la lista de tareas, e identifica las que son divertidas, interesantes e, incluso, discretamente gratificantes. No hay placer pequeño. Busca cualquier cosa en tu día que te dé esa chispa. Por ejemplo:

Mis cosas buenas:
> Ir a mi clase de yoga por las mañanas
> Llamar a mi amiga Stephanie para saber qué tal estuvo su viaje a París
> Usar mis botas negras nuevas
> Presentar mi venta importante en la junta semanal del equipo
> Disfrutar la cena que preparará mi esposo
> Apapachar a mis hijos mientras vemos la televisión
> Leer un libro antes de dormir

Revisa tu lista de cosas buenas y, de verdad, tómate un momento para meditar sobre cómo te hacen sentir esos eventos. Es un empujón instantáneo, ¿a poco no? En el futuro, asegúrate de poner en tu agenda al menos tres o más eventos buenos por día. Recuerda que no es necesario que sean acontecimientos grandes, con que te hagan sonreír o estimulen tu orgullo, satisfacción, alegría o sentido es suficiente. Aun si no puedes incluir tres cada día, asegúrate de que en la semana tengas al menos tres actividades que disfrutes y que así sea cada semana y cada mes.

HAZ TIEMPO PARA LA BELLEZA Y EL HUMOR:
Rodearte de belleza puede sacarte de la desolación.
Quienes son más resistentes destinan tiempo en sus agendas para la belleza y el humor en su día a día, en lugar de esperar a que las fuentes de alegría les lleguen. Así que comprométete a ver Comedy Central 30 minutos cada día, o aparta tiempo para hojear tu libro de fotografía favorito o escuchar música que te anime. Lo que sea que te funcione.

Si tu reacción al leer esto es: «Suena muy bien, pero no tengo tiempo para ello», ahí tienes una pista de que encontraste un iceberg. Recuerda, pueden afectar nuestra habilidad para cambiar nuestros hábitos, ¡y justo estás aquí para cambiar! Uno de los más comunes es: «La gente ocupada no tiene tiempo para la diversión». ¿Este iceberg es útil para ti? ¿Lo debes derretir, rodear o aceptar mientras te deshaces de las orillas problemáticas? Excava un poco y usa las habilidades que aprendiste en el día 6 para que reconozcas los obstáculos que te impiden poner más cosas positivas en tu vida.

Paso cuatro: Cuenta activamente

Dedica unos minutos a enlistar de todos los eventos desafiantes que te sucedieron hoy, grandes, pequeños, no importa. Entonces piensa para cada uno algo que podrías hacer (dentro de la misma área) para compensarlo. Por ejemplo:

> **Mi reto:** una mañana difícil al discutir con mi esposo, mientras nos preparamos para que los niños lleguen a tiempo a la escuela y nosotros al trabajo.
> **Mi plan para compensarlo:** llama a tu marido o escríbele un correo en el día para decirle que valoras algo que hace para que tu familia funcione.

Mi reto: oír a mi cliente decir que no está contento con mi trabajo.

Mi plan para compensarlo: dedica tiempo a ese cliente para saber qué es lo que te está faltando y cómo pueden solucionarlo. Después, leeré el correo de un cliente muy satisfecho que me recuerde que soy bueno en mi trabajo.

Continúa con esto y verás que en unos días empezarás a entrenarte a ti mismo para añadir un estímulo positivo cada vez que algo negativo surja.

Cuando te hayas deshecho de algunas cargas, replantea lo que queda y añade diversión a tu vida, así empezarás a tener más sentimientos positivos incluso para las tareas más aburridas. Te sentirás más satisfecho y ése es un gran paso en la dirección correcta lejos del estrés y hacia el equilibrio.

Mi plan para erradicar el agotamiento extremo

Decido trabajar en esta habilidad porque:

Las actividades de mi lista de amarras de las que me puedo deshacer son:

Las actividades de mi lista de amarras que puedo delegar son:

Mi plan inmediato para delegarlas es:

Las actividades en mi lista de necesidades que deben permanecer son:

Cuando surge el temor por hacerlas, las replantearé de la siguiente manera:

Las tres cosas buenas que añadiré mañana a mi día son:

Así es cómo y cuándo haré esas cosas específicamente:

Estos son los icebergs que surgen cuando dedico tiempo a hacer cosas buenas:

Así navegaré alrededor de esos icebergs:

Mi plan para compensar los retos que pueden venir, es:

Día 8

Afina tus radares positivos

Recompensa: una fuente más profunda de emociones
positivas para sostenerte a través de los retos

Ayer aprendiste cómo equilibrar la proporción de eventos buenos y malos en tu vida, y ese es un gran comienzo. Necesitamos aumentar las cosas buenas, pero hay un segundo componente que tiene la misma importancia. También tenemos que *entrenarnos activamente para buscar emociones positivas y aprovecharlas cuando las tenemos*. En otras palabras, necesitamos valorar completamente nuestra respuesta emocional a las cosas buenas para obtener todos sus beneficios. Hoy vas a aprender cómo estar en la frecuencia de las emociones positivas y aprovecharlas al máximo.

> «Amor, satisfacción, orgullo, alegría, apreciar la belleza... son los primos descuidados del manejo del estrés.»
> **Andrew**

Para algunas personas no importa qué tantas cosas buenas tengan: toman limonada y la convierten en limones de nuevo, y se pierden así de sus beneficios. Hemos hecho un gran trabajo al intentar aumentar el número de eventos positivos en tu vida, pero, ¿en realidad estás valorándolos por completo cuando suceden? Queremos asegurarnos de que cuando surjan cosas positivas, tu radar esté tan afinado para ubicarlas como lo está para identificar las cosas negativas. Hoy vamos a despejar tu mente para que puedas aprovechar al máximo las cosas buenas que tienes (y que se suman) en tu vida.

NUESTROS RADARES POSITIVOS

Cuando Andrew dirige un taller, pide que levanten la mano quienes «se han sentido abrumados por la frustración, el enojo, la ansiedad o su emoción negativa favorita en algún momento en la última semana». Casi todos los presentes levantan la mano.

Después pregunta: «¿Cuándo fue la última vez que se sintieron abrumados de satisfacción?».

Grillos.

Tristemente, no nos tomamos las emociones positivas tan en serio como lo hacemos con las negativas, así que pasan desapercibidas para nuestro radar. No nos damos cuenta de la satisfacción porque no vale para nuestra supervivencia el saber que tenemos todo lo que necesitamos. Recuerda, como humanos no somos imparciales en las emociones a las que les ponemos atención. Estamos hechos para buscar lo malo y obviar lo bueno. Es un mecanismo de defensa antiquísimo. Desde hace mucho que sobrepasamos la utilidad de ese desequilibrio y, sin embargo, no hemos dejado el hábito. Nos enfocamos con determinación en lo que va mal en nuestras vidas, pero qué tan seguido nos metemos a nuestro coche y decimos: «Wow, gracias Dios, ¡el tanque de gasolina está lleno!»? Nos damos cuenta cuando tenemos poco tiempo, pero, ¿qué tal cuando tenemos suficiente? Estamos buscando la carencia en lugar de la abundancia.

El problema con eso es que muchos de nosotros estamos viviendo en un desierto abrasador de estrés. Las arenas invaden más y más, y extraen el placer de cada día. Esos momentos de satisfacción, alegría, entusiasmo y el amor son un oasis exuberante. Y aun así muchos de nosotros cuando nos encontramos con estos miniparaísos, nos quedamos el tiempo suficiente para comer uno o dos dátiles, dar un trago a un coco y seguir con nuestro camino ocupado. Nos olvidamos (o no nos damos tiempo) de consentirnos en esta recompensa abundante.

Más que un mordisco, un sorbo y correr, cuando llega la satisfacción, necesitamos sentir cómo cambia nuestra fisiología, cómo se relajan nuestros músculos, se lentifican nuestro ritmo cardiaco y nuestra respiración, y sentimos esa cálida paz y tranquilidad que recorren nuestro ser. No solemos vivir por completo esta experiencia de lo positivo, pero es una habilidad que podemos fomentar.

Lo haremos al desarrollar nuestros radares internos de emociones positivas y haremos que sintonicen en primer lugar los momentos positivos y los absorban. He ahí el secreto de cómo nos volvemos a cargar de energía.

ACTÚA

La primera acción es una que quizá muchos de ustedes ya usan si es que caen con frecuencia en la trampa mental de maximizar y minimizar. Es muy efectiva para recalibrar nuestros radares hacia lo positivo y hoy la sugeriremos para todos.

Ya discutimos este ejercicio antes, así que seguro te resulta familiar. Así es como funciona:

Al final de este día, escribe tres cosas buenas que te hayan pasado; incluso en los peores días puedes encontrar tres cosas positivas. No tienen que ser eventos históricos. Saber que aceptaron la oferta que hiciste por la casa de tus sueños es una adición muy buena a tu lista, pero cosas pequeñas como que tu hijo te dio un abrazo y te dijo que te quiere también cuentan. Mañana, antes de que prepares el desayuno, revises tu correo, vayas al gimnasio o hagas cualquier otra cosa, lee esas tres cosas. Léelas y después haz lo que tengas que hacer.

Haz lo mismo al final de mañana: escribe otras tres cosas buenas que te pasaron y añádelas a tu lista; la mañana siguiente, lee esas seis cosas. Repite este ejercicio por diez días y, al final, tendrás 30 cosas buenas. Te darás cuenta con rapidez de que si buscas lo bueno estarás sintonizado con lo positivo. Literalmente, estás reprogramando tu cerebro para que busque las cosas buenas.

Ésta es una herramienta excelente para el condicionamiento positivo en general. Incluso puedes llevarlo un paso más adelante y cultivar emociones positivas específicas que quieras experimentar.

Así como Andrew y su equipo ubicaron las siete grandes emociones negativas que nos bloquean y los radares negativos que nos llevan a ellas, han descubierto las seis grandes emociones positivas que la gente busca y los radares de pensamiento que las consiguen. Las seis grandes emociones son: felicidad, orgullo, interés/compromiso, estima/respeto, amor y satisfacción. Tenemos la capacidad de aprender a buscar lo bueno así como somos capaces de encontrar lo malo.

Como sabemos, los pensamientos generan emociones; así como pensar que no tenemos recursos suficientes causa frustración, el pensar que tienes todo lo que necesitas genera satisfacción. Las emociones positivas, al igual que las emociones negativas, tienen signos físicos que las revelan para ayudarte a que las reconozcas.

Cuando tenemos emociones negativas, sentimos fácilmente su impacto en nuestro cuerpo, nuestra mente y nuestro comportamiento. Podemos identificar el peso de la tristeza o de las lágrimas conteniéndose detrás de nuestros ojos. Reconocemos de inmediato las intensas sensaciones de ira y nos sintonizamos con tanta facilidad con pensamientos de una amenaza inminente en el futuro que nos sentimos ansiosos rápidamente.

Pasa lo contrario con las emociones positivas: cuando nos sentimos felices u orgullosos, no estamos tan sensibilizados y esos sentimientos pueden desvanecerse si no los capturamos conscientemente. Tenemos que enfocarnos y encontrar decididamente los pensamientos que generan esas emociones positivas. Es importante practicar la habilidad de enfocarnos en nuestras ventajas y crear conciencia de la forma en que se sienten las emociones positivas en nuestro cuerpo.

Puedes entrenarte para desarrollar los radares positivos y aprovecharlos para experimentar estos sentimientos buenos al máximo. A pesar de que todos queremos las seis grandes emociones positivas en nuestras vidas, escoge la que más quieras tener en este momento y sigue los pasos a continuación para apuntar tu radar en esa dirección. Apégate a un sentimiento y conviértelo en un hábito positivo antes de que pases al siguiente.

Emociones positivas

EMOCIÓN	CÓMO SE SIENTE	PENSAMIENTO QUE LO ALIMENTA
Felicidad	La respiración es más profunda, lenta y regular; tus músculos están relajados, y una sonrisa puede aparecer en tu cara. Podría parecer que en tu mente hay un «murmullo» o «brillo» relajante. Quizá te vuelvas más juguetón o quieras empujar tus límites para explotar tu creatividad.	«Todo es genial.»
Orgullo	Una oleada de calidez; mente y cuerpo con energía. Tienes el deseo de hacer más o de lograr cosas buenas.	«Hice un buen trabajo/lo correcto» o «Me comporté admirablemente.»
Interés y compromiso	Los sentidos están alerta y dispuestos; la respiración se acelera, pero sigue siendo regular; quizá sientas pequeñas corrientes de electricidad que se mueven a través de tu cuerpo. Tus pensamientos vuelan, sin ansiedad, más bien con un impulso creativo que va de una idea a la siguiente. Tus ojos están bien abiertos y tu cuerpo está echado hacia adelante.	«Esta tarea está dentro de mis capacidades.»

Estima y respeto	Hay una sensación de bienestar cuando estás rodeado por personas que piensan bien de ti; tu respiración es lenta y regular. Tienes claridad y agilidad mental, y te sientes seguro al aceptar nuevos retos.	«La gente tiene una buena opinión sobre mí.»
Amor	Hay una sensación de bienestar cuando estás rodeado por personas con quienes te sientes conectado y comprometido; tu respiración y ritmo cardiaco son lentos y regulares. Hay un murmullo o brillo dulce en tu mente, y tienes ganas de estar con esa persona que amas o te ama a ti.	«Me siento conectado y comprometido contigo.»
Satisfacción	Tu respiración es más profunda, lenta y regular; tus músculos están relajados; puedes estar sonriendo. Parece que en tu mente hay un brillo o murmullo relajante; sentirás que quieres quedarte por más tiempo en donde estás.	«Tengo todo lo que necesito.»

Afina tu radar de la felicidad

La felicidad se desata cuando aparece el pensamiento de que las cosas están saliendo de maravilla. Para aumentar la frecuencia con la que experimentas esta emoción, necesitas reorientar tu pensamiento para que se enfoque en lo que va bien en tu vida, más en lo que tienes que en lo que no tienes.

BUSCA LA FELICIDAD

1. **Empieza con una intención positiva. Di:** «Quiero sentir más felicidad, lo que significa que debo enfocarme en lo que va bien en mi vida, en lugar de lo que sale mal».

2. **Enlista todo lo bueno que hay en tu vida.** ¿Qué está saliendo bien? Revisa cada área de tu vida e intenta hacer una lista lo más amplia y larga posible. ¿Qué éxitos has tenido en

el trabajo? ¿Qué está saliendo bien en casa o con tus hijos en su escuela? ¿Qué cosas positivas hay en la relación con tu pareja? ¿Qué va bien en tu salud o con la salud de quienes quieres? Lleva esta lista contigo durante la semana, para que cada vez que quieras sentir más felicidad, la leas.

3. **Vive tu felicidad por completo.** Conoce tus sensaciones personales de felicidad. La clave está en detectarlas lo más pronto posible, igual que las emociones negativas. Cuando te des cuenta de que te estás sintiendo feliz, haz una pausa y sé consciente de cómo se siente en tu cuerpo y en tu mente. ¿Qué actitudes positivas hay en tu comportamiento? Piensa en ello mientras guardas estas sensaciones en tu memoria emocional. Lo que sea que sientas en un momento feliz, ¡vívelo con tus sentidos y disfrútalo!

Afina tu radar de orgullo

El orgullo aparece cuando tenemos el pensamiento de que hemos hecho algo bien o hemos cumplido con nuestros estándares propios. Para aumentar la frecuencia con la que te sientes orgulloso, necesitas enfocarte en lo que has hecho bien, las cosas buenas, morales. Necesitas práctica pues tenemos una propensión a identificar más esas veces en las que tomamos el camino fácil, en que decepcionamos a alguien o nos equivocamos en una tarea, en vez de identificar cuando salimos adelante o tuvimos éxito.

BUSCA EL ORGULLO

1. **Empieza con una intención positiva. Di:** «Quiero sentir más orgullo, lo que significa que necesito enfocarme en lo que he hecho bien y las ocasiones en las que cumplí o sobrepasé mis propios estándares, en lugar de las veces en las que tomé malas decisiones».

2. **Enlista las ocasiones en las que cumpliste o sobrepasaste tus propios estándares, cuando hiciste algo bien o lo correcto.** Revisa cada parte de tu vida. ¿Cómo te va en el trabajo? ¿Cuándo haces lo correcto como padre, amigo o miembro de tu comunidad? ¿En qué sobresales en la vida? ¿Qué has logrado en cuanto a tus objetivos de salud y físicos y que te hagan sentir bien? Lleva esta lista contigo durante la semana para que cada vez que quieras sentir más orgullo, la leas.

3. **Planea el orgullo. Pregúntate:** «¿Qué puedo hacer hoy para generar más orgullo?» Quizá puedas terminar ese proyecto en que has estado trabajando u ofrecerle tu ayuda a un amigo que la necesite. Llévalo a cabo para conseguir una dosis extra de orgullo.

4. **Vive el orgullo al máximo.** Conoce tus sensaciones personales de orgullo. Cuando te des cuenta de que te estás sintiendo orgulloso, haz una pausa y sé consciente de cómo se siente. ¿Qué está pasando en tu cuerpo, en tu mente? ¿Qué actitudes positivas hay en tu comportamiento? Lo que sea que sientas en un momento de orgullo, ¡vívelo con todos tus sentidos y disfrútalo!

EL PODER DEL ORGULLO

Así logró Julie, de 38 años, afilar su radar para el orgullo y esto consiguió:

«Tengo estándares muy específicos en mi desempeño como profesionista y como madre. Me pido mucho a mí misma y, con los años, me ha afectado porque con frecuencia siento que no cumplo con las expectativas. De inmediato identifiqué al orgullo como una de las emociones que quiero tener más y he tratado de propiciarlo al fijarme en qué es lo que estoy haciendo bien en lugar de ver en qué me he equivocado o con lo que me siento mal.

Al final de cada día, me tomo 30 minutos para escribir en mi diario. Enlisto todas las veces en las que cumplí con mis expectativas, hice algo bien o lo correcto durante el día. Al principio me costó trabajo, pues estaba muy acostumbrada a buscar lo negativo, pero poco a poco se me hizo más fácil. En lugar de enfocarme en la única cosa que mi jefe me había dicho que hice mal, escribía las cosas que me dijo que hice bien. Anotaba las veces en las que me hacía tiempo para hacer ejercicio o leer con mi hijo a pesar de mi cansancio. Antes daba por sentado este tipo de cosas, pero ya no más.

Han pasado seis meses desde que empecé a hacerlo. Ya no escribo a diario, pero al menos sí lo hago una vez a la semana. Pero cada vez que me doy cuenta de que siento vergüenza, me pongo a ver las cosas que he hecho bien y las ocasiones en las que hice lo correcto, ¡y disfruto ese orgullo!»

Afina tu radar de interés y compromiso

Interés y compromiso son el polo opuesto del aburrimiento, letargo o a sentirse indiferente, y aparecen cuando tenemos frente a nosotros una tarea que está dentro de nuestras capacidades. Para aumentar la frecuencia con la que tienes esta emoción positiva, necesitas reorientar tu pensamiento y enfocarte en las veces en las que sientes esa chispa de estar totalmente dedicado o emocionado por algo.

BUSCA EL INTERÉS Y EL COMPROMISO

1. **Empieza con una intención positiva. Di:** «Quiero sentir más interés y compromiso, lo que significa que necesito enfocarme en las situaciones en las que encuentro algo estimulante, en lugar de mi aburrimiento».

2. **Enlista las ocasiones en las que generalmente estás más interesado y comprometido.** ¿Es cuando estás acompañado por ciertas personas? ¿Cuando estás solo y descubres algo nuevo? ¿Cuando fluyes en tu trabajo? ¿Qué actividades te hacen sentir con energía y comprometido?

3. **Haz un plan para el interés y el compromiso.** Pregúntate: «¿Qué puedo hacer hoy que capture mi interés y

mi compromiso?». Puede ser algo tan pequeño como ver una película sobre la que has escuchado buenos comentarios o tan ambicioso como lanzarte en paracaídas.

4. Vive el interés y el compromiso al máximo. Aprende cómo se siente en tu mente y en tu cuerpo estar interesado y comprometido. Cuando te des cuenta de que estás sintiendo esa chispa de compromiso, haz una pausa y absórbelo. ¿Cómo te estás comportando? ¿Hablas y respiras un poco más rápido, te inclinas hacia adelante? ¿Tu mente está llena de ideas? Lo que sea que estés sintiendo en ese momento de interés y compromiso, percíbelo con todos tus sentidos y disfrútalo.

HAZLO INTERESANTE

Algunas tareas son aburridas de por sí y no hay mucho que podamos hacer para adornarlas, pero te damos unos consejos para mejorarlas un poco:

1. **Ponte retos.** La próxima vez que hagas una tarea mecánica, tómate el tiempo. Intenta hacerla en menos tiempo la siguiente ocasión. Mihaly Csikszentmihalyi, el psicólogo que más ha estudiado el «flujo» (esos momentos en los que estamos tan absortos que parece que el tiempo se detiene), demostró que quienes trabajan en líneas de producción e intentaban procesar el mayor número de unidades en un turno o cometer el menor número de errores eran los más felices.

2. **Busca el propósito.** Aquí es cuando la habilidad del día 7 de repensar tus amarras se vuelve muy útil: muy bien, la tarea puede ser muy mecánica, pero no por ello no tiene sentido. Lavar, secar y doblar la ropa no es un reto ni algo que genere interés o compromiso, pero tiene un propósito: mantiene a nuestra familia limpia y segura. El papeleo interminable en la oficina no es divertido, pero es una parte de tu trabajo que genera dinero para proteger a tus hijos. Profundiza un poco en cada tarea aburrida e identifica el *por qué* la haces, y tu nivel de compromiso seguramente cambiará.

Afina tu radar de estima y respeto

La estima y el respeto aparecen a partir del pensamiento de que los demás tienen una opinión buena sobre nosotros. Para aumentar la frecuencia con la que tienes esta emoción, necesitas reorientar tus pensamientos para que encuentres de manera activa los cumplidos, elogios o cariño que has recibido.

BUSCA A LA ESTIMA Y EL RESPETO

l. **Empieza con una intención positiva. Di:** «Quiero sentir más estima y respeto, para ello, debo enfocarme en las veces en las que los demás tienen una buena opinión sobre mí en lugar de las veces en las que me siento apenado».

2. **Enlista cuándo, con quién y dónde te has sentido respetado y estimado.** ¿Qué admiran de ti tu pareja, amigos e hijos? ¿Cuándo te ha elogiado tu jefe o tus colegas? ¿En qué área te tiene en alta estima tu comunidad? Lleva esta lista contigo y léela cada vez que quieras sentir más respeto y estima. Estos recordatorios funcionarán como un estímulo inmediato.

3. **Vive la estima y el respeto al máximo.** Aprende cómo se sienten el respeto y la estima en tu mente y en tu cuerpo. Cuando te des cuenta de que estás sintiendo ese empujón de estima y respeto, haz una pausa y absórbelo. ¿Sientes un resplandor cálido? ¿Tus capacidades intelectuales se sienten claras y listas? ¿Estás inspirado para enfrentar nuevos retos? Percíbelo con todos tus sentidos y disfrútalo.

Afina tu radar del amor

¿Quién no quiere sentir más amor en su vida? El amor es... bueno, tú mismo puedes completar esta frase con tu definición personal. Aunque el denominador común para todos es que el amor es una fuerza positiva.

El amor aparece cuando nos sentimos conectados y comprometidos con otra persona. Para aumentar la frecuencia con la que tienes este sentimiento, necesitas reorientar tus pensamientos para que te enfoques en las conexiones agradables que tenemos con los otros y tu compromiso con ellos.

BUSCA AL AMOR

1. **Empieza con una intención positiva. Di:** «Quiero sentir más amor, eso significa que debo enfocarme en las conexiones que tengo con los demás y mi compromiso con ellos más que con mi sentimiento de soledad».

2. **Haz una lista de las personas importantes en tu vida y tu compromiso con ellas.** Revisa todas tus relaciones importantes en tu vida: románticas, familiares, amistosas y con tus hijos. ¿De qué manera estas personas son especiales para ti? ¿Qué hay de especial en cada una de esas relaciones? ¿Cuál es tu historia con estas personas? Mientras más larga sea la historia, más grande es la posibilidad de conectar.

3. **Vive la estima y el respeto al máximo.** Cuando te das cuenta de que estás sintiendo amor, ¿sientes un resplandor cálido o una vibración agradable? ¿Tienes ganas de estar con las personas con quienes te sientes conectado y comprometido? ¿Te sientes inspirado a ser generoso y afectuoso? Lo que sea que sientas en ese momento amoroso, vívelo con todos tus sentidos y disfrútalo.

AMOR Y RELACIÓN DE PAREJA

Es muy fácil tomar el amor por sentado. Para muchos de los que tienen una relación de larga duración, el amor se ubica en el fondo, en vez de ocupar el lugar central que debe tener. A continuación compartimos la forma en que Robert pudo usar su habilidad de radar de amor para mejorar su sentimiento de amor hacia su pareja:

«Jenny y yo estábamos juntos desde hace muchos años. Conforme pasa el tiempo, solemos olvidar muchas de las razones por las que estamos con alguien. Viven el uno para el otro, de cerca a los malos hábitos del otro. Crían a sus hijos juntos y, económicamente, intentan salir adelante. La relación parece desgastarse con el tiempo o, al menos, empiezas a tomar las cosas por sentado. Bueno, eso fue lo que nos pasó a nosotros.

Hace poco empecé a enlistar todas las razones por las que quería estar con Jenny; anoté todas las cosas por las que hemos pasado juntos y todas las cosas que aún deseamos lograr juntos. Algunos días tienen un mal comienzo: los dos corremos para dejar a los niños en la escuela y llegar a tiempo al trabajo, y ambos discutimos o nos ignoramos. Así que cuando voy en camino hacia mi oficina, le llamo sólo para decirle que la amo. Me di cuenta de que me siento más feliz, me siento más conectado con ella y me descubro con ganas de estar de nuevo con ella al final del día. Sé que esto también ha hecho que ella se sienta más conectada».

Afina tu radar de satisfacción

Durante muchos años, cada vez que Andrew preguntaba qué emoción era la que las personas querían sentir más, la respuesta era amor o felicidad. Pero en la recesión de 2008 surgieron movimientos sociales como respuesta (pues nos exprimieron financieramente hablando, nos pidieron que hiciéramos más por menos y, en general, intentábamos enfrentar todo con la rapidez y las demandas de la vida moderna), y Andrew se dio cuenta de que la respuesta había cambiado: las personas ya no buscaban la felicidad, sino la satisfacción.

A pesar de que la felicidad y la satisfacción parezcan lo mismo, no lo son. La felicidad se trata de obtener algo que nos dé alegría, con frecuencia un momento o un lugar que no esperábamos. La satisfacción se trata más de cumplir nuestras necesidades. Si la felicidad es un viaje desenfrenado y exuberante, la satisfacción es un paseo tranquilo y en calma. Debido a que la felicidad es un sentimiento profundo, tiene un impacto fisiológico mayor, así que es más fácil detectarla. La satisfacción es más sutil, así que debemos observar con mayor cuidado para reconocerla. Necesitamos practicar para recalibrar y encontrar las marcas de satisfacción en nuestro cuerpo. Una vez que hayas identificado tus momentos de satisfacción, es muy importante que los vivas al máximo para que, con el tiempo, los reconozcas tan claramente como lo haces con los momentos de felicidad.

El pensamiento de que tenemos todo lo que necesitamos para resolver los problemas y disfrutar la vida causa la satisfacción. Para aumentar la frecuencia con la que te sientes satisfecho necesitas practicar el enfocarte en tus fortalezas, herramientas y recursos que tienes más que en lo que careces.

BUSCA LA SATISFACCIÓN

1. **Empieza con una intención positiva. Di:** «Quiero sentirme más satisfecho, eso significa que debo enfocarme más en lo que tengo a mi alcance para lograr mis metas y no en lo que me falta».

2. **Haz una lista de tus objetivos y recursos, divídela en dos partes:** en la primera, escribe todo lo que deseas lograr en este momento, tanto grandes como pequeños logros (ya sea un problema por resolver o un proyecto que necesitas terminar) en el área profesional, de pareja o social; en la segunda parte, por cada uno de esos objetivos pregúntate: ¿Qué tengo a mi disposición que me ayude a lograr este objetivo o resolver este problema? Conforme hagas tu lista, analiza cada una de tus ventajas y trata de que tu listado sea lo más largo posible. ¿Qué fortalezas internas tienes para resolver este problema o lograr este objetivo (por ejemplo, valentía, sentido del humor, inteligencia, perseverancia)? ¿Qué recursos materiales tienes (por ejemplo, personal, asesores, contactos, amigos, familia)? Lleva esta lista contigo y léela cada vez que te sientas frustrado, para encaminarte hacia la satisfacción.

3. **Vive la satisfacción al máximo.** La satisfacción es escurridiza, así que es muy importante que pongas atención cuando llegue. Cuando te des cuenta de que te sientes satisfecho, haz una pausa y medita cómo se siente: ¿hay un resplandor cálido o una vibración agradable en tu mente? ¿Tu respiración es regular? ¿Tienes ganas de quedarte donde estás? Lo que sea que sientas en ese momento de satisfacción, vívelo con todos tus sentidos y disfrútalo.

UN RADAR DE SATISFACCIÓN EN ACCIÓN

Aquí una muestra de cómo Faith, de 44 años, pudo potenciar su satisfacción:

> *«Cuando intento ir al súper antes de que termine mi día en el trabajo y de que recoja a los niños, mi cerebro grita pensamientos como: "No voy a llegar a tiempo por mi hijo, salí muy tarde, no hay lugar de estacionamiento en el súper, creo que no tengo suficiente dinero para comprar esto". Cada vez que tengo estos pensamientos, me doy cuenta de la frustración que comienzo a sentir y, básicamente, me pongo loca.*
>
> *Así que ahora intento revisar mis pensamientos cuando no estoy apurada. El otro día, tuve una hora libre antes de una cita y fui a comprar algunas cosas al súper. Mientras estaba manejando hice un esfuerzo por ponerme en la frecuencia de mis pensamientos de satisfacción: "Tengo tiempo suficiente, tengo un carro, tengo dinero suficiente, estoy lista". Ahora hago esto con regularidad e intento disfrutar la satisfacción que siento en esos momentos tanto como vivo la frustración cuando llega.»*

ATRAPA, LOCALIZA Y ELIMINA A LOS INTRUSOS NEGATIVOS

El último paso para potenciar tus radares positivos es estar alerta ante la llegada de los pensamientos negativos, que son mañosos y siempre buscan cómo hacerse camino. Si te das cuenta de que sentimientos de tristeza, culpa, vergüenza u otra de las siete grandes emociones empieza a aparecer cuando estás enfocándote en lo positivo, ésa es una señal de que un pensamiento negativo está desbocándose y debe ser eliminado. Pon atención a las señales de tu cuerpo (la pesadez de la tristeza, la oleada calurosa de la ira) para identificar cuándo surgen tus emociones conocidas. Enfocarte en lo positivo es muy importante como para se interpongan esos molestos pensamientos negativos.

La habilidad de sintonizar tu radar en lo positivo funciona rápidamente, y conforme lo practiques notarás un cambio en general. De verdad *podemos* entrenarnos a nosotros mismos para ser más felices, más comprometidos e interesados en la vida; podemos tener con más frecuencia los sentimientos de estima, amor, orgullo y satisfacción. Todo lo que necesitas son estas habilidades y practicar. Ya tienes las habilidades... lo demás está en tus manos.

Mi plan para afinar mis radares positivos

Escojo trabajar con esta habilidad debido a:

La emoción que quisiera tener con más frecuencia es:

La intención que pondré para buscar esta emoción es:

Así se siente en mi cuerpo y en mi mente esta emoción:

Cuando surge esta emoción, así es como la vivo al máximo:

Día 9

Encuentra las debilidades de tu estado físico

Recompensa: motivación, energía y el orgullo
de seguir un régimen de entrenamiento

Imagina que tus metas físicas están al este, y en el oeste está tu ocupada vida. Justo en medio hay una falla gigante. ¿Qué le pasa a tus intenciones cuando todo es inestable bajo tus pies? La falla se abre y tus buenas intenciones se van por ahí y se pierden en el olvido.

El alboroto diario de la vida moderna dificulta incluir el ejercicio, a pesar de que somos conscientes de todos los beneficios que da —el aumento de energía, el estímulo de los químicos cerebrales que nos hacen sentir bien, la resistencia, la fuerza y muchos más—. Lo complicado está en hacerlo, pues estamos muy ocupados, muy cansados o lo hemos intentado antes, pero no hemos podido mantenernos ahí. Hay para quienes el sólo *pensar* en incluir el ejercicio en su día a día los hace sentir ansiosos o abrumados.

> «El movimiento debería de ser algo que te desestrese y no algo que te cause frustración o incomodidad.»
> **Adam**

Hoy descubrirás cómo usar el ejercicio para deshacerte del estrés. Te ayudaremos a identificar a los provocadores de que tus fallas se abran y se traguen todo tu tiempo e intenciones. Queremos que aproveches los beneficios de una mente ágil, la calma emocional y la vitalidad física que te da el hacer ejercicio sin que te estreses.

¿SIN TIEMPO PARA HACER EJERCICIO? NO ESTÁS SOLO: No eres el único si tienes problemas para encontrar el tiempo o la motivación para hacer ejercicio, o si no siempre disfrutas hacerlo. Según una encuesta reciente de Gallup, a la mitad de los adultos estadounidenses se le dificulta ejercitarse con regularidad. Lo bueno es

que los integrantes de En equilibrio *mostraron un aumento significativo en motivación y éxito tras haber completado nuestro programa. Observamos un incremento del 16 por ciento en la habilidad de mantenerse en un programa de ejercicio; y cuando nos enfocamos en aquellos que comenzaron con una calificación por debajo del promedio en su régimen de ejercicio físico, observamos una mejora del 87 por ciento en cuanto a frecuencia y calidad de entrenamiento. ¡Así que sigue leyendo!*

QUÉ NECESITAS

Requieres dos componentes para que un plan de ejercicio funcione: el físico y el mental. Con frecuencia, las personas se enfocan en el componente físico y se lanzan a hacer el programa, pero el cómo hacerlo no es suficiente, pues si así fuera, todos estaríamos entrenando fácil y frecuentemente. Necesitas de ambos componentes para apegarte a un plan que te llevará a donde quieres llegar.

La parte obvia es el componente físico, pues necesitas mover tu cuerpo, literalmente. Te daremos la receta del Dr. Adam para estar en forma y encontrar el mejor ejercicio para ti.

A un nivel más profundo, necesitamos desenraizar los pensamientos que pueden estar bloqueándote. El bienestar físico toca registros emocionales grandes y cuando éstos están presentes sabemos que también hay por ahí grandes creencias detrás. Debido a que las creencias iceberg son nuestros valores más fundamentales y representan nuestros miedos más grandes, no hay sorpresa alguna en que son capaces de descarrilar nuestros mejores esfuerzos para hacer cambios significativos hacia un estilo de vida más saludable. La razón porque no has tenido éxito al hacer ejercicio antes no es que no hayas intentado, sino que no atendiste las creencias que estaban debajo y saboteaban en silencio tus esfuerzos. Quizá sin saberlo, puedes estar cargando con creencias que obstaculizan tus intenciones y esfuerzos de hacer ejercicio.

Donde hay icebergs, hay pensamientos negativos; y donde hay pensamientos negativos, hay obstáculos. Vamos a destacar los icebergs sobre entrenamiento físico más comunes para ayudarte a que identifiques los tuyos, y vamos a armarte con eliminadores de pensamientos para contrarrestar incluso al peor de los intrusos mentales que esté impidiendo tus logros al ejercitarte.

¿EXCUSA O ICEBERG?

Los icebergs negativos se interponen en el camino de la toma de buenas decisiones. Gracias a ellos, desarrollamos mañas para autoconvencernos de que, racionalmente, estamos evitando algo riesgoso o inconveniente. Esto sucede especialmente con la comida, el descanso y, por supuesto, el ejercicio. A continuación un ejemplo de cómo Jan puede convencerse de evitar tomar una buena decisión:

«*Las mañanas entre semana dan una hora y media de convivencia familiar antes de que todos nos separemos para ir a la escuela o el trabajo. Batallo con frecuencia por salir de casa e ir a correr: tengo que escoger entre hacer una rutina rápida pero vigorosa, o estar en la cocina mientras los niños desayunan, un momento valioso para estar juntos. Sé que me sentiré mejor al final del día (y seré más productiva y decidiré mejor en cuanto a comida) si me voy a correr, pero racionalizo el quedarme al decirme que es importante que esté ahí para los niños. Como soy una mamá que trabaja, siento que estar ahí para mi familia es más valioso que los beneficios que obtendré por ir a correr.*»

¿Quién, en ocasiones, no busca una razón para descartar el hacer ejercicio? Pero en este ejemplo, Jan estaba confrontando una batalla interna real entre atender a su familia o atenderse a ella misma. Más temprano de lo que creemos, dejó de ir a correr y sufrió las consecuencias: a lo mejor al tomar malas decisiones sobre lo que comió, sentir inquietud mientras estaba sentada frente a su escritorio o luchar para quedarse dormida por la noche.

Si estamos conscientes de nuestros icebergs en ese momento de negociación interna en el que sopesamos las opciones con que contamos, tenemos la opción de dar un paso atrás y examinar el intercambio que hemos formulado. Podemos parar y tomar una dirección nueva, más acorde con nuestro pensamiento adulto y razonado, en lugar de permitir que creencias caducas o inútiles nos guíen.

En caso de que no lo hayas notado, la frase clave es *si estamos conscientes de nuestros icebergs*. Podemos hacer todos los propósitos e inscribirnos en todas las clases de ejercicio maravillosas que queramos, pero a menos de que guiemos conscientemente nuestras opciones, acabaremos donde empezamos: con una membresía vencida del gimnasio (y probablemente también con un poco de culpa y vergüenza).

ACTÚA

Bueno, armemos tu plan. Lo haremos en tres pasos, y quitaremos los bloqueos antes que cualquier cosa:

1. Navega los icebergs
2. Desafía a los pensamientos
3. Muévete

Navega los icebergs

Comienza por identificar tus icebergs personales. Más adelante encontrarás una lista de los más comunes sobre hacer ejercicio. Algunos de los icebergs son sobre capacidades o aptitudes, otros sobre creencias sobre cómo deberíamos de usar nuestro tiempo, y otros van al corazón de nuestra identidad y de cómo nos vemos a nosotros mismos.

Al leerlos, pasa de largo los que te parezcan equivocados o ridículos, pues ésos no son para ti. Cuando leas alguno que te haga asentar con la cabeza con familiaridad y decir «Sí, por supuesto», sabrás que chocaste con un iceberg.

Una vez que hayas identificado tus icebergs sobre ejercitarte, obsérvalos cuidadosamente y decide si debes derretirlos, rodearlos o abrazarlos/limarlos. Recuerda: un iceberg que es completamente caduco e inútil, debe ser derretido; el que surge en determinadas circunstancias, debe ser rodeado, y el que representa valores que queremos mantener, pero que causa problemas, se acepta mientras manejamos el conflicto que provoca.

Así que, por ejemplo, si tienes un iceberg de «La vida no debe ser difícil», hay muchas posibilidades de que esta creencia atraviese en diferentes áreas de tu vida y se aparezca no sólo en temas de acondicionamiento físico, sino también en tu vida laboral o lo que represente un reto. Es una creencia muy dañina, ya que realmente restringe tu alcance y disposición a nuevas oportunidades, por lo que merece ser derretida.

También puedes desafiar y, con el tiempo, derretir ese iceberg al decir algo como esto cuando surja: «Cualquier cosa que valga la pena necesita del esfuerzo. El esfuerzo no es algo "malo". No hay nadie en el mundo que tenga una excelente condición física sin esforzarse, ¿por qué yo tendría que hacerlo así? Sí, parece un trabajo, pero el sentimiento de logro que tendré al final sobrepasará cualquier sentimiento negativo que haya tenido».

ICEBERGS COMUNES SOBRE EL EJERCICIO

- «En mi familia/mi comunidad/mi cultura no hacemos ejercicio.»
- «Estar en forma no va conmigo.»
- «Debo estar disponible para mi familia en todo momento.»
- «Si no hago algo perfectamente, mejor ni lo intento.»
- «Nada debería ser difícil. Si lo es, no vale la pena.»
- «No merezco tener una vida mejor.»
- «Si yo estoy en forma y mi pareja no, se abrirá una brecha entre los dos.»

Algunos icebergs son situacionales y afloran sólo en el reino del ejercicio, ya que no son transversales, no vamos a dedicarles la energía mental para derretirlos, sólo vamos a rodearlos. Un buen ejemplo de esto es el iceberg «Estar en forma no va conmigo».

Una manera de rodear este iceberg es cuestionar el origen de esta creencia. Puedes decirte algo como «Estar en forma no iba con mis papás y aprendí el mensaje de ellos, pero ese mensaje viejo no tiene control sobre mi destino actual. Quizá estar en forma no iba conmigo, pero es lo que quiero lograr. Como adulto, soy diferente a mis padres en muchas cosas, ¿por qué no también en esto? No les falto el respeto al vivir mi vida de manera diferente y estar en forma».

A pesar de que no estás atacando frontalmente este iceberg, si sigues haciendo ejercicio y comiendo sanamente, el iceberg acabará por derretirse. Un día te despertarás y pensarás «¿Sabes qué? Estar en forma va conmigo totalmente».

Tendrás condición física, te verás y te sentirás muy bien, y frente a esta evidencia tu iceberg no tendrá otra alternativa más que ajustarse a tu nueva realidad.

Para el último ejemplo, retomemos la historia de Jan. Supongamos que como ella (y muchas otras mamás trabajadoras), tienes el iceberg «Debo estar disponible para mi familia en todo momento». Es un principio maravilloso y noble que merece quedarse. Pero el diablo está en los detalles: lo que quieres es quedarte con esta creencia, pero debes definir detalladamente lo que significa realmente en este momento de tu vida. Si crees que siempre debes estar ahí para las personas que amas, ¿eso no significa que debes cuidar tu salud y tu vida? Dedicar 20 minutos al gimnasio (lejos de tus hijos), tres veces a la semana, para sumar diez años a tu vida ¡vale la pena! Cuidarte no significa solamente que estarás en este planeta por más tiempo, también significa que mientras tengas más energía y más vitalidad, estarás más presente con ellos. No estás traicionando tu creencia al abrirte un espacio para ti misma, sólo estás podando las áreas problemáticas.

Aquí es cuando necesitas un mantra y puedes usar algo como: «Algunas veces, estar para las personas que amo significa cuidarme al hacer ejercicio» o «Mis necesidades no están en conflicto con las necesidades de mis hijos. Ellos valoran mi compañía, pero estarán mejor con una mamá que tenga energía y esté en equilibrio, y no con alguien enojada con ella misma por no ejercitarse».

Si aprendemos a hacer una pausa y a pensar críticamente al decidir, tenemos una oportunidad para prevenir el estrés que genera el tomar malas decisiones y para hacernos más resistentes al sortear con éxito nuestras áreas problemáticas.

Desafía a los pensamientos

Como sabes, los pensamientos negativos —especialmente los que hemos tenido toda la vida— saben cómo colarse justo cuando estamos logrando avances en nuestros objetivos, así que preparémonos. A continuación, unas cuantas ideas para eliminar a los pensamientos negativos:

> **Pensamiento:** «Esto es muy difícil».
> **Eliminador de pensamiento:** «Sí, es difícil, pero no es *muy* difícil. Se supone que el ejercicio imponga un reto y yo estoy listo para enfrentarlo».

Pensamiento: «No pude terminar (o no pude seguir) con la rutina de la clase/DVD/ejercicio. Es una prueba de que no estoy hecho para esto».
Eliminador de pensamiento: «No es verdad. Soy humano y algunas veces puedo hacer la rutina completa, y otras no. Estar en forma es un proceso y cada día tendré más fuerza».

Pensamiento: «Esto es aburrido».
Eliminador de pensamiento: «No estoy viéndolo desde el ángulo correcto. ¿Por qué hago ejercicio? ¿Es para entretenerme o para estar en forma? Necesito recordar mi motivación para repensar esto».

Pensamiento: «Me voy a ver tonto (gordo/viejo/feo)».
Eliminador de pensamiento: «Todos somos principiantes en algún momento. Nadie se fija en mí, están más preocupados con sus rutinas. Además, esta es una curva de aprendizaje y con cada vez que haga este ejercicio, ganaré confianza».

¿Qué pensamientos negativos surgen cuando estás haciendo ejercicio o cuando lo intentas? ¿Qué eliminadores de pensamiento puedes aplicar en esos momentos para aplastarlos y mantenerte en el camino?

Muévete

Una vez que tu mente está alineada con tus intenciones, ¡vamos a movernos!

Los consejos disponibles sobre bienestar físico podrían tapizar el mundo, la clave está en encontrar lineamientos sencillos que te faciliten encontrar el camino correcto para ti y que te mantengas en él. Menos es más, así que será más sencillo si adoptas sólo las opciones básicas en tu pensamiento. Los lineamientos del Dr. Adam toman lo mejor del pensamiento mundial y lo concentran aquí para darte la fórmula para conseguir el éxito.

Tu tarea para hoy es diseñar tu plan de acción. Tómate un tiempo esta noche para escribirlo; mientras más preciso seas, será mejor tu objetivo y tus posibilidades de lograr que el ejercicio sea una parte regular de tu vida.

• **Pon un horario.** Abre espacio para dedicar tiempo a hacer ejercicio, al igual que cualquier otra cosa importante.

• **Regularízalo.** Aunque lo ideal es que hagas ejercicio todos los días, lo mínimo que la mayoría de la gente necesita para estar sana y alejar el estrés es que lo practiques tres veces por semana, durante treinta minutos cada vez. Obtenemos más beneficios con cada día de ejercicio que agregamos hasta llegar a seis días por semana.

3. **Haz que quepa en tu vida.** Escoge una rutina que te desafíe pero que puedas hacer, y que se ajuste a tu presupuesto y tus horarios.

4. **Hazlo efectivo.** Busca métodos de ejercicio que combinen fuerza, estiramiento y resistencia, como el levantamiento de pesas, yoga o alguna actividad aeróbica.

5. **Sé realista.** El error que cometemos con frecuencia es intentar primero correr un medio maratón, incluso si años antes lo hiciste. Si te comprometes a más de lo que puedes lograr, quizá te desilusiones y, peor aún, te lastimes físicamente al hacerlo. Al principio tómatelo con calma y ve aumentando tu capacidad.

6. **Establece objetivos y fechas límite**. Es muy fácil decir: «Quiero estar en forma», pero eso no es específico. ¿Qué quieres conseguir y para cuándo? Ayuda que establezcas fechas límite distintas para cada objetivo —algunas a corto plazo, otras a largo plazo— para que no te abrumes. Por ejemplo: «Esta semana haré dos caminatas por lo menos» y «En seis meses, quiero bajar cinco kilos y tener más energía». Así tienes una imagen completa de la situación, dividida en piezas que puedes hacer sin problemas.

7. **Diviértete.** La mejor forma de convertir la carga del ejercicio en un hábito es hacer algo que disfrutes. Intenta cosas

nuevas como andar en bicicleta, hacer *hiking* o caminatas con tus amigos. Combina las actividades para mantener el interés y encontrar las actividades que disfrutas más.

8. **Comprométete.** Toma en serio tu intención, pero sé compasivo contigo mismo.

9. **Acompáñate.** Si es posible, encuentra a un amigo que esté dispuesto a compartir contigo una rutina. Esto tiene dos objetivos: motivarte y que estés acompañado mientras se ejercitan juntos. Mientras más disfrutes tu rutina física, más posibilidades tienes de mantenerla.

Mi plan de acción para ejercitarme

Las creencias iceberg sobre el ejercicio que necesito derretir son:

Las derretiré al hacer esto:

Las creencias iceberg sobre el ejercicio que necesito rodear son:

Lo haré de las siguientes maneras:

Las creencias iceberg sobre el ejercicio que quiero conservar, pero que debo limar, son:

Lo haré usando estos mantras:

Los pensamientos negativos que surgen cuando intento hacer ejercicio son:

Los contraatacaré con estos eliminadores de pensamiento:

Las actividades físicas que intentaré o con las que empezaré son:

Las haré en estos días, a estas horas:

Los beneficios que sé que obtendré al desarrollar y apegarme a este plan son:

Logra el equilibrio vida-trabajo

Recompensa: manejar con gracia
las actividades que compiten en tu vida

«¿Equilibrio? ¡Ja, olvídalo! Lo único equilibrado en mi vida es el tiempo
que paso preocupándome por mi trabajo o mis hijos y el tiempo que paso
preocupándome de que se me olvidó preocuparme por algo.»
Celeste, 49 años

«Lo que más me causa estrés es escoger entre el trabajo que necesito hacer o
pasar tiempo con mi esposa y mis hijos. Invariablemente me hace sentir frustrado,
que —irónicamente— me desquito con mis hijos en forma de enojo. Mi objetivo es tener
tiempo de calidad con ellos, así que acabo reclamándome haberlo echado a perder.»
Brian, 41 años

«No tengo vida, de verdad. Siento que todo lo que hago es trabajar.
Estoy en una industria muy competitiva y necesito poner todo este esfuerzo
para destacar, pero algunas veces veo a mis amigas, con sus esposos e hijos,
y me pregunto cuándo tendré tiempo para hacer eso.»
Anne, 32 años

Si alguna de estas historias te pareció familiar, no estás solo. Nuestras investigaciones muestran que el desequilibrio entre tu vida personal y tu vida laboral es, por mucho, el factor ambiental que causa más aflicción a la mayoría. Casi dos tercios de nuestros contactos dicen que equilibrar sus actividades laborales y personales les causa mucho estrés.

La tensión que genera buscar un balance entre el trabajo y tu vida personal puede ser muy emocional: nos sentimos frustrados cuando no podemos hacer lo que queremos o necesitamos, enojados cuando alguien usa nuestro tiempo con tareas que no queremos hacer, y culpables cuando no estamos donde pensamos que debemos estar.

Te entendemos; es más, sabemos por qué sucede esto... y podemos ayudarte.

EL MEOLLO DEL ASUNTO

Cuando le pedimos a las personas que identifiquen la causa de sus conflictos laborales/personales, inevitablemente hablan de la enorme carga de trabajo contrapuesta a las necesidades familiares y su búsqueda de tiempo personal. Ambas situaciones requieren tiempo y atención y en la mayoría de los casos, desafortunadamente, los necesitan al mismo tiempo.

El jaloneo entre el trabajo y la vida personal genera grandes emociones: *mucha* ansiedad, *mucha* frustración, *mucha* culpa, *mucha* vergüenza. Las grandes emociones, como sabes, son una señal de que hay creencias iceberg y reflejan nuestros valores básicos, así que es lógico que aparezcan alrededor de nuestra vida familiar y nuestra forma de ganarnos la vida.

Cuando se trata de equilibrar la vida personal y laboral, muchos desarrollamos icebergs que nos hacen tener expectativas altas de nosotros mismos, en lugar de tener las que realmente podemos cumplir. Algunas creencias —como «Debo sobresalir en todo lo que hago»— nos llevan a ser perfectos (un objetivo imposible) y ser todo para todas las personas (otro objetivo imposible, a menos de que tengas poderes mágicos para clonarte a ti mismo). Otros son completamente caducos o imprecisos, como «Sólo los débiles se toman su tiempo». Cuando chocan dos o más de nuestros icebergs, las chispas de estrés empiezan a surgir.

Imagínate que tuvieras unas creencias iceberg como «Una buena madre está siempre con sus hijos» y «Debo ser profesional en el ambiente laboral todo el tiempo». Ahora imagínate que tienes una reunión de trabajo muy importante y tu hijo amanece con fiebre, ¿puedes ver la explosión de nieve y hielo cuando estos dos icebergs chocan? Si tienes icebergs parecidos a estos, no te costará mucho trabajo imaginarte esto, pues ya has vivido de primera mano esta frustración, ansiedad y estrés.

LA BRECHA DEL GÉNERO

En los últimos años, hemos sido testigos de mucha literatura y debates sobre los problemas que las mujeres enfrentan al buscar un equilibrio entre su vida personal y su trabajo. Los estudios que ha realizado Andrew en Estados Unidos, Europa y Asia han encontrado lo mismo: las mujeres son tan resistentes como los hombres, pero luchan mucho más que los hombres para mantener separados su mundo personal del laboral y poder equilibrarlos.

¿Qué es lo que pasa? La diferencia está en los icebergs. Heredamos éstos de nuestros padres, como sabes. El trabajo de la reconocida psicóloga Carol Gilligan muestra que criamos de manera diferente a los niños y a las niñas. A las niñas se les prepara para alimentar relaciones, mientras que a los niños se les enseña a estar orientados al logro. Dicen los maestros que reprobar matemáticas en la primaria es un gran problema para los niños, mientras que a las niñas no les preocupa tanto. Por otro lado, las niñas desaprueban más los conflictos sin resolver entre compañeros que los niños. Les estamos enseñando a los niños que el éxito y el trabajo son su arena, y que el hogar es la de las niñas; de esta manera les mandamos mensajes —implícitos o no— de lo que debe importarles.

Adelántate a un mundo en el que las mujeres entran a la arena corporativa como nunca antes y están muy motivadas hacia el logro. Habrá ocupaciones que las llevarán fuera de su vida en el hogar. Se entiende y acepta que los hombres dejen a sus esposas e hijos para ir a trabajar, incluso sus icebergs de logro están en línea con ello. Pero si tienes a una mujer en esta situación, nuestras costumbres sociales tiemblan. Un hombre con un trabajo en ventas, de alto cargo, que viaja por el país, será completamente aprobado porque está proveyendo a su familia; pero una mujer en el mismo puesto se enfrentará con una desaprobación sutil o no tanto, incluida la suya, si es que ha aprendido mensajes como que es su deber estar con su familia en oposición a su intención de logro.

A primera vista, en la vida moderna tenemos una opinión diferente sobre el papel que desempeña una mujer: conscientemente aceptamos que tenga una intención de triunfo; el problema es que muchas mujeres han heredado icebergs subconscientes que dicen lo contrario. Es como si nuestras creencias más profundas no se hubieran actualizado con lo que consideramos aceptable.

Para ser justos, los hombres también se ven divididos por estar en dos lugares. Al mismo tiempo que observamos a las mujeres volar hacia el mundo del logro, vemos a los hombres que dejan salir el lado de crianza que tienen, así que ellos también se sientes culpables por no estar con sus hijos. Hombre o mujer, el punto es que muchos de nosotros *queremos* estar en dos lugares a la vez, pero el continuo tiempo-espacio dice que no.

Para algunos, lograr el equilibrio quizá no incluya al «hogar» en la ecuación. Los jóvenes *millennials* y otros (como Celeste, cuya historia leíste al inicio de este capítulo) están afuera e intentan hacerse de un nombre al trabajar muchas horas.

> «En la actualidad, la respuesta a la pregunta "¿Cómo estás?" no es "Bien", sino "Ocupado". Estar ocupado es la nueva norma.»
>
> **Jan**

Los enorgullecen mucho sus logros laborales, pero fuera de eso sienten que no tienen vida. Y están en lo cierto: muchos no tienen tiempo de ir al gimnasio, de ir a cenar con sus amigos, o simplemente de vagar e ir a explorar el mundo; todo lo que hacen es trabajar.

Sin duda, la nueva norma es estar desbordado. El estrés laboral-personal se exacerba porque cuesta más trabajo mantenerse a flote y hay menos garantías a largo plazo de que el barco seguirá navegando en aguas tranquilas. Ya sea que nos pidan que trabajemos más porque los recursos son menos o que por el mismo esfuerzo obtenemos menos dinero y seguridad; todo se reduce a sentirse cada vez más desbordado. Ni por un instante le restamos a esa realidad.

Entonces, ¿cuál es la solución?

Vamos a llevarte paso a paso para ayudarte a aislar los icebergs que te impiden equilibrar las prioridades en tu vida. *Puedes* tener una vida fuera del trabajo y equilibrar tus prioridades sin sacrificar nada por lo que has trabajado tanto. Te mostraremos cómo dejar de sentirte abrumado y a crear espacio en tu cabeza para priorizar con calma y tranquilidad.

MUNDO MODERNO, ESTRÉS MODERNO: Equilibrar las demandas en tu vida es, sin duda, un asunto difícil, pero, como ya habíamos mencionado, mientras más grande es el problema, mayor satisfacción tienes al resolverlo. Los miembros de meQuilibrium que en un principio calificaron por debajo de la norma en esta área, potenciaron su habilidad para hacer frente a las demandas en un 20 por ciento, lo que tiene un amplio impacto en mejorar su día a día. La capacidad de prevenir que nuestra vida laboral desangre a la personal, y viceversa, es una de las muestras más importantes de resistencia. Así que no sólo obtenemos la habilidad de enfocarnos en el trabajo, a pesar de los problemas en casa, y estar al 100 por ciento con nuestra familia cuando estamos con ella, sino que obtenemos el plus de una mejor habilidad para manejar el estrés en general.

SÓLO TRABAJO, SIN JUEGO

Lo primero que vamos a pedirte es que te preguntes a ti mismo sobre los hábitos de trabajo extremo: ¿cómo estás comprometiendo tus otros objetivos de vida al encauzar toda tu energía a uno solo?

Este es un juego de suma cero, pues al contrario de otras situaciones en las que puedes crear una estrategia ganar-ganar, el tiempo que dedicamos a nuestro trabajo no lo podemos pasar con nuestra familia o emplearlo en otras empresas, pues es un recurso limitado y no podemos gastarlo en dos cosas a la vez. Lo curioso con los icebergs es que pueden llevarnos a enfocar ese valioso recurso en nuestro trabajo a expensas de todo lo demás que queremos vivir o lograr.

Si reduces tu paso en el trabajo, quizá no salgas adelante tan rápido como quieres. Pero la pregunta importante aquí es: ¿Este es tu único objetivo? ¿Qué cosa de importancia estás sacrificando para obtener este único logro? Recuerda que el tiempo suma cero. Así que lo que necesitas realmente es analizar cómo se interponen tus icebergs para que lo inviertas en *todo* en lo que quieres. Observa la situación detenidamente y tomarás decisiones más claras, desde la perspectiva más amplia posible, en lugar de sentirte inconscientemente acorralado. Vamos a poner estos icebergs en nuestra esfera de acción para poder reconocerlos, cuando se dirijan hacia nosotros, y así poder rodearlos.

QUE TU CORAZÓN TE LLEVE A ACALLAR EL CAOS

El liderazgo basado en los valores es la mejor manera de guiar y es la única manera de mantenerse auténtico y centrado en medio del caos del trabajo. También es una forma muy exitosa de manejar el conflicto laboral-personal en tu vida y de mejorar tu desempeño. Cuando eres auténtico y te guías por tus valores, decides alinear tus acciones con lo que crees.

Quienes no están seguros acaban por reaccionar al estrés, en lugar de decidir su respuesta ante las situaciones; se encuentran en escenarios complejos porque no saben quiénes son o a quién están tratando de complacer.

En el día 12 aprenderás más sobre la habilidad de alinear tus acciones con tus objetivos de vida. Mientras tanto, hoy que observes las decisiones sobre tu trabajo que tomas con base en tus creencias, será útil que te preguntes qué significan. ¿Por qué haces el trabajo que haces? ¿Qué esperas inspirar en tu equipo y los demás? ¿Cuál es el legado que buscas dejar? ¿Las decisiones sobre cómo te muestras en el trabajo cada día están alineadas con ese legado?

ACTÚA

Es importante que sepas que esto requiere práctica y que el cambio no aparecerá de una vez; mientras más uses esta habilidad, alcanzarás un mayor equilibrio. Con el tiempo, se derretirán los icebergs que ya no te sirven y te volverás muy hábil para identificar y rodear los otros.

A continuación unos pasos para lograr el equilibrio entre tu vida y tu trabajo:

Paso uno: Identifica los icebergs

¿Qué creencias te mantienen encadenado a tu escritorio, computadora, restirador o con lo que sea que trabajes? Lee la lista de los icebergs de trabajo más comunes (página 154) hasta que llegues al que te haga decir «¡Eso es verdad!».

Otra forma de identificarlos es a través de los momentos muy emocionales, recuerda que si la respuesta emocional que tienes es desproporcionada para el evento en curso, ahí hay una muestra de que un iceberg merodea. Cuando esto pase, usa tu técnica de excavación profunda para desenterrarlo; usa el pensamiento automático detrás de esa emoción y después hazte estas cuatro preguntas clave:

1. ¿Qué es lo que me molesta más?
2. ¿Qué significa eso (respuesta a pregunta 1) para mí?
3. ¿Cuál es la peor parte de (respuesta a pregunta 2) para mí?
4. Tomando mi respuesta a la pregunta 3 como verdadera, ¿por qué me molesta tanto?

ICEBERGS COMUNES SOBRE EL TRABAJO

- «Debo parecer profesional todo el tiempo.»
- «Las personas exitosas pueden con todo. Si no puedo hacerlo, entonces no soy exitoso.»
- «Siempre debo de cumplir.»
- «Debo guiar con el ejemplo.»
- «Necesito estar en el trabajo.»
- «Debo de proveer, así que debo sobresalir.»
- «Mis hijos necesitan "x", "y" y "z", así que debo trabajar para costearlo.»
- «Si no controlo las cosas/las hago yo mismo, nada saldrá bien.»
- «Sólo los débiles descansan.»
- «Si me tomo un tiempo, me verán como prescindible.»
- «Necesito sobresalir en todo lo que hago.»
- «Las personas importantes trabajan mucho.»

Paso dos: Define qué icebergs debes aceptar (mientras te deshagas de las partes conflictivas)

¿Qué icebergs quieres conservar a pesar de que te causan conflictos en ciertas situaciones? Un buen ejemplo es «Siempre debo de cumplir», pues es una ética noble y quizá algo que quieras conservar, pero si te entregan un proyecto a última hora y no tienes los materiales para hacerlo, probablemente chocarás con grandes emociones. Ese es el punto conflictivo del que debes deshacerte.

Aquí es útil tener un mantra (algo que te repitas a ti mismo cuando te topes con un iceberg conocido) y así podrás resolver el problema con tranquilidad y hacer el control de daños necesario. La próxima vez, en lugar de ponerte loco o romper a llorar, puedes negarte a dejar que la situación secuestre tus emociones y hacer algo como esto:

*«Bueno, sé que debo estar chocando con mi iceberg conocido de siempre, «Debo de cumplir». Es algo de lo que me siento orgullosa, pero en esta circunstancia es simplemente imposible. Eso no significa que comprometa mi integridad o mis valores; es sólo que soy **humana y sólo puedo hacer lo que es humanamente posible**.*

Necesito un plan. Primero, le escribiré un correo electrónico a mi jefe y le explicaré con calma por qué no puedo hacer este proyecto esta noche. Pero le diré específicamente qué es lo que necesito aún para hacerlo, y cómo y cuándo seré capaz de hacerlo, y después propondré una fecha de entrega razonable».

Veamos un segundo ejemplo de la vida de un integrante de nuestro taller: Jennifer tiene 40 años y es mamá soltera trabajadora de un niño de 7 años. Se dedica a desarrollar sitios web, se está ganando una buena reputación y debe entregar una propuesta para un cliente importante el lunes. El problema es que es domingo y su hijo la mira con unos enormes ojos azules llenos de decepción, cuando le dice que no puede jugar con él, porque tiene que trabajar todo el día. Jennifer siente que el estrés aumenta, mientras la ansiedad se apodera de ella y sus pensamientos empiezan a galopar: «Esto es un desastre, necesito acabar este trabajo —puede tratarse de un gran cliente para mí que me aportará una buena cantidad de dinero— pero, ¿cómo puedo tener a mi hijo jugando solo todo el día? ¿Qué tipo de mamá hace eso? Debería estar con él...».

Helo ahí: el *debería* que era la pista para Jenny de que chocaban sus icebergs de «Debo aumentar mi esfuerzo para salir adelante» y «Una buena madre siempre debe estar disponible para sus hijos». Así fue como los rodeó:

*«Sí, creo que necesito seguir con el trabajo duro para salir adelante en mi negocio; ése es un valor que quiero mantener. También creo que una buena mamá debe estar siempre para sus hijos; otro valor que quiero conservar. Debo de recordar que estos dos valores no se excluyen mutuamente. **Algunas veces cuidar a mi hijo significa que necesito trabajar para poder mantenerlo**. Al hacer esto hoy, puedo asegurar un proyecto que me permitirá pagar su inscripción al campamento, lo que le hará bien.*

Le voy a proponer que voy a trabajar hasta las cuatro de la tarde y después lo llevaré al parque. Eso también va a motivarme a ser más eficiente para terminar a tiempo y que podamos salir a jugar.»

¡Y así es como nos hablamos a nosotros mismos para esquivar un iceberg!

Paso tres: Decide qué icebergs debes derretir

¿Cuáles no te sirven? ¿Cuáles están caducos o son inútiles? ¿Para cuáles los contras son mayores que los pros? Para cada iceberg que debas derretir, define un eliminador de pensamiento que usarás en cada ocasión que te topes con él. Aquí te damos algunos ejemplos:

> **Creencia iceberg**: «Necesito estar en el trabajo».
> **Rompehielos:** «¿De verdad *necesito* estar en el trabajo, o *escojo* estar en el trabajo? Necesito conservar mi empleo, pero no necesito ser el primero en llegar ni el último en irse».

> **Creencia iceberg:** «Sólo los débiles descansan».
> **Rompehielos:** «No es cierto. Se necesita de más fuerza para establecer las prioridades fuera del trabajo que conformarse con esta idea vieja».

> **Creencia iceberg:** «Las personas importantes trabajan mucho».
> **Rompehielos:** «Es una tontería. Las personas importantes no trabajan mucho, trabajan de manera inteligente. No tengo que conformarme con la presión social de trabajar por muchas horas. ¿Cómo puedo ajustar mi rutina diaria para hacer un mejor uso de mi tiempo?

Trabajar mucho vs. trabajar mejor

Te prometimos que no íbamos a decirte que trabajaras menos para que disminuya tu estrés, y vamos a cumplirlo. Es tu decisión cuánto tiempo trabajes. La palabra clave aquí es *decisión*.

El estrés no se genera solamente por cuánto trabajemos, sino por cómo respondemos a las presiones internas y externas de poner el trabajo por encima de todo.

Dicho esto, es importante recordar que sólo vivimos una vez. Para aquellos que usan sus horas, días y años para trabajar constantemente —especialmente si se trata de un trabajo insignificante o que no te apasiona—, por lo general, se dirigen al arrepentimiento. Con frecuencia, los pacientes con enfermedades terminales se lamentan de haberle dado prioridad al trabajo por encima de pasar más tiempo con las personas que quieren. A pesar de que no se vea así desde tu punto de vista en este momento, *tienes el poder de decidir cómo usar tu tiempo*. En tus días —y en tu vida— puede haber más tiempo libre del que te imaginas.

¿Qué responsabilidades en el trabajo estás tomando que no te corresponden? ¿En qué tareas sin importancia estás perdiendo tu tiempo? ¿En qué área puedes trabajar de manera inteligente? Y, lo más importante, ¿qué creencias iceberg salen a flote cuando te haces estas preguntas?

Creencia iceberg: «No ser Supermamá o Superpapá es ser negligente».
Rompehielos: «Tonterías. Parte de ser un buen padre es no estar agotado ni de mal humor».

Paso cuatro: Decide qué icebergs debes de rodear

No necesitas dedicar energía y tiempo para derretirlos. Por ejemplo, un iceberg como «Los negocios y el placer no se mezclan» saldrá a flote sólo durante la fiesta de fin de año de tu empresa o una comida de la compañía, o cuando tu jefe te invita a una cena en su casa o cuando uno de tus amigos te propone trabajar en algo juntos.

Recuerda que necesitas practicar. Tu trabajo y tu familia son, seguramente, las cosas más importantes en tu vida y aprender a equilibrarlas es una tarea que dura toda la vida. Pero con esta habilidad ahora tienes las herramientas para identificar y manejar los conflictos internos de esta lucha y para empezar a tomar decisiones más claras e informadas sobre dónde, cómo y con quién usas tu tiempo y tu energía.

Mi plan para lograr el equilibrio entre mi vida personal y mi trabajo

Decido trabajar esta habilidad porque:

Las actividades y tareas que quiero tener más en mi vida diaria son:

Los icebergs sobre trabajo que necesito derretir son:

Lo haré con estos rompehielos:

Los icebergs sobre trabajo que acepto, pero cuyas partes conflictivas debo limar son:

Usaré este mantra para hacerlo:

Los icebergs sobre trabajo que necesito rodear son:

Así los esquivaré:

Desengánchate

Recompensa: deshacerte de los nudos
y los problemas que te confunden

¿En dónde estás atascado? Casi todos tenemos algún problema en nuestra vida que parece imposible de resolver. ¿Cuál es el que viene a tu mente, que sea recurrente o crónico? Quizá es la tensión con algún colega o un problema con tu hijo o financiero que se repite constantemente. Sea lo que sea, seguramente te está causando estrés, así que vamos a ayudarte a liberarte de él. Hoy aprenderás una gran habilidad para desenredar casi todos —sino es que todos— los nudos en tu vida.

UNA EXPLICACIÓN... O DOS O TRES

Hay mucha información que demuestra que los seres humanos nos atascamos con cualquier adversidad, pues estamos hechos para buscar de manera espontánea la razón y de inmediato nos preguntamos: «¿Por qué está pasando esto?». También respondemos espontáneamente a esa pregunta de manera reflexiva, y el problema es que no respondemos objetivamente: lo hacemos a través de nuestro *estilo explicativo*.

El estilo explicativo es la forma que tenemos para entender lo que sucede en el mundo. En 1978, los psicólogos Lyn Abramson, Lauren Alloy y Martin Seligman identificaron estos estilos al estudiar el riesgo de la depresión en la Universidad de Pensilvania. Un estilo de pensamiento es el «Yo, siempre, todo» —que podría entenderse someramente como «Es mi culpa y este defecto afecta a todos los elementos de mi vida todo el tiempo»— que, incluso para quienes no son expertos en el tema, puede poner en riesgo de depresión a las personas. Otro estilo es el «Yo no, no todo el tiempo, no todo» —que puede entenderse como «No es mi culpa, esto sólo pasó una vez y no afecta nada más que esta sola cosa»—, que protege a las personas de la depresión.

Andrew descubrió que dos subconjuntos de estos estilos tienen un gran impacto en cómo manejamos el estrés, pues nos impiden resolver los problemas de manera efectiva. Las personas con un estilo explicativo de **Siempre/Todo** pueden hacer que una situación parezca más difícil de resolver de lo que en realidad es, así que se dan por vencidos de forma prematura. Esto da pie a una montaña de problemas crónicos sin resolver y, probablemente, a una buena porción de frustración y vergüenza, tres ingredientes necesarios para cargar negativamente su subibaja metafórico.

Quienes tengan un estilo **No siempre/No todo** generan estrés de manera diferente, pues este estilo les hacer creer que tienen más capacidad para resolver un problema de la que en realidad tienen, así que desperdician tiempo valioso y recursos al luchar contra algo que está fuera de su control. En cualquier caso, están aumentando su nivel de estrés.

Hay un tercer estilo explicativo que afecta el estrés: **Yo/Yo no**, que se enfoca en quien *crees* que debe ser culpable. ¿El problema es algo que crees que tú causaste o es algo que sucedió por otras personas y otras circunstancias fuera de ti?

Un estilo explicativo de **Yo** puede dar poder porque ubica el control en uno: tú puedes hacer un control de daños o arreglar lo que lo necesite… Te haces responsable de tu destino. Sin embargo, en el lado menos favorable está que puedes culparte automáticamente por cualquier problema, incluso si no lo causaste, y cargar así con tristeza, culpa, pena y vergüenza.

Aunque **Yo/Yo no** es menos poderoso para resolver problemas en comparación con los estilos **Siempre/Todo** y **No siempre/No todo**, sí es útil, pues hace que veas todos los factores que causan un problema para encontrar el mayor número de alternativas que te lleven a soluciones viables.

RESOLVER LO IRRESOLUBLE

Así como con nuestros radares emocionales y icebergs, tendemos a adoptar los patrones mentales de nuestros padres para explicarnos el mundo y, al igual que con otros hábitos de pensamiento, desarrollamos hábitos a partir de nuestro estilo explicativo. Debido a que aprendiste dichos hábitos hace mucho tiempo y están realmente arraigados en ti, cuando surge algún problema, buscas automáticamente las causas conforme a lo que sabes. El problema es que estás usando el mismo pensamiento viejo para ese asunto recurrente, lo que en realidad no es la fórmula del éxito.

El secreto para salir adelante es entender cómo te limita tu estilo explicativo, pues sólo te permite ver unas cuantas causas del problema. Cuando esto sucede, únicamente puedes tener unas cuantas soluciones. Estás atrapado porque tu estilo explicativo te impide ver una serie completa de soluciones posibles. Como cualquier estilo de pensamiento, la clave está en sacarlo del subconsciente para que puedas evaluarlo de manera apropiada. Aprende cuál es tu estilo, a ser flexible con él y así lograrás resolver el problema.

ESTILO EXPLICATIVO Y RESISTENCIA: ¿Qué hace resistente a una persona?

Cuando Andrew hace esta pregunta ante muchas personas, la respuesta típica es «la perseverancia». En cierto modo, lo es, pero si profundizas, hay mucho más. ¿Qué hace que una persona persevere mientras otra se da por vencida? Muchos dirán que la esperanza, algo que es maravilloso tener, pero, ¿qué hace que una persona la tenga y otra no? Una persona tiene esperanza porque aún tiene soluciones posibles a su alcance; entonces, ¿qué hace que una persona se quede sin soluciones posibles antes que alguien más? Cuando una persona está atrapada en su estilo explicativo y sólo ve un subconjunto de causas y soluciones, sólo puede ver lo que puede ver y con ello está perdiéndose de muchas más posibilidades.

¿Te estás hundiendo en problemas sin resolver debido a que tienes un estilo **Siempre/Todo** y no ves las cosas sobre las que sí tienes control? ¿O tienes un estilo de **No siempre/No todo** que te hace darle vueltas a un problema que estás convencido de poder hacerte cargo, pero hay aspectos cuyas causas están fuera de tu alcance? Veamos.

¿CUÁL ES TU ESTILO EXPLICATIVO?

No tiene que ser solamente un estilo de Siempre o No siempre, Todo o No Todo; lo que queremos es encontrar cuál usas con mayor frecuencia. Lee los siguientes casos y toma nota de lo primero que pasa por tu mente cuando te preguntas por qué pasó:

Caso #1: Has llamado varias veces a una de tus amigas y ella no te ha llamado de vuelta. ¿ Por qué?

Caso #2: Tú y tu hija adolescente están peleando más de lo normal. ¿Por qué?

Caso #3: En tu matrimonio no hay la intimidad física que solía haber, ¿por qué?

Quizá no tuviste dificultad —o muy poca— para responder a estas preguntas. La forma en la que respondiste depende de tu estilo explicativo, el cual, como ya adelantamos, tiene tres dimensiones.

> ## Las tres dimensiones del estilo explicativo
>
> • **Yo vs. Yo no** (Soy la culpable vs. Alguien o algo más tiene la culpa)
> • **Siempre vs. No siempre** (Esta causa es permanente/fija vs. La causa es temporal/pasará)
> • **Todo vs. No todo** (Esto afecta todas las áreas de mi vida vs. Esto afecta sólo esto)

Yo vs. Yo no

¿Sueles culparte a ti mismo (Yo) o a otras personas o circunstancias (Yo no)? Aquí algunos ejemplos:

Caso #1: Una de tus amigas no te ha llamado de vuelta.
Yo: «Hice algo que la ofendió».
Yo no: «Está ocupada».

Caso #2: Tú y tu hija adolescente están peleando más de lo normal.
Yo: «Últimamente le tengo menos paciencia».
Yo no: «Está pasando por una etapa».

Caso #3: Has perdido la intimidad física en tu matrimonio.
Yo: «No tengo tiempo para él».
Yo no: «Él no tiene tiempo para mí».

¿Eres más un Yo o un Yo no? Probablemente pienses que depende de la situación, y tienes razón. Pero cada uno de nosotros tiene una predisposición hacia uno u otro. Así que considera de nuevo qué tipo de pensador eres: ¿Yo o Yo no? El saberlo te ayudará a ver si estás cayendo en una trampa de tomártelo personal o de culpar a los demás, y te permitirá usar tus nuevas habilidades para ver el otro lado de las cosas.

Siempre vs. No siempre

Cuando piensas en un problema, ¿tiendes a enfocarte en las causas que estarán por un buen rato o en las que pasarán? Mira estos ejemplos:

> **Caso #1:** Una de tus amigas no te ha llamado de vuelta.
> **Siempre:** «Ella es insensible y no hace caso».
> **No siempre:** «Últimamente, está bajo mucha presión».

Dado que las personas no pasan de ser cuidadosas a no hacer caso de un momento a otro, la primera tiene un sentido de mayor permanencia, mientras que la palabra últimamente deja entrever una causa temporal.

> **Caso #2:** Tú y tu hija adolescente están peleando más de lo normal.
> **Siempre:** «A los adolescentes les gusta pelear».
> **No siempre:** «Está en plenos exámenes finales y se siente muy estresada».

La primera parece una regla inalterable: simplemente hay que aceptar que es la naturaleza de los adolescentes hasta que crecen. La segunda es temporal: una vez que pasen los exámenes, las peleas se acabarán.

> **Caso #3:** Has perdido la intimidad física en tu matrimonio.
> **Siempre:** «La intimidad tiene caducidad. Después de un determinado tiempo, se acabó».
> **No siempre:** «Últimamente, ambos hemos estado distraídos y cansados».

Una vez más, la primera es permanente: la intimidad simplemente se acaba. En la segunda, la palabra últimamente sugiere un estado temporal.

Ahora puedes ver cómo un estilo explicativo puede obstaculizar tu habilidad para resolver problemas y causarte mucho estrés en el camino. Si te decides por una causa Siempre, en esencia estás diciendo que el problema no tiene solución y eso puede llevarte a sentir impotencia y desolación. La llama en la habitación puede encenderse de nuevo con un poco de esfuerzo y creatividad; la pérdida total del amor es completamente otra historia. Puedes hacer algo con una amistad que no está del todo bien, pero una incapacidad para llevarte bien con *alguien o cualquiera* es generalizar demasiado.

¿Cuál es tu predisposición: eres más un Siempre o un No siempre?

Todo vs. No todo

Frente a la adversidad, ¿sueles enfocarte en ese problema específico o en buscar las causas que abarcan otras áreas de tu vida?

Caso #1: Una de tus amigas no te ha llamado de vuelta.
Todo: «No soy buena con las personas».
No todo: «Esta amistad no la manejo bien».

Caso #2: Tú y tu hija adolescente están peleando más de lo normal.
Todo: «Ella es imposible».
No todo: «No le gusta la crítica».

Podrás ver que en los casos de Todo hay un juicio, tuyo o de alguien más; habla de quiénes *son*, en lugar de lo que *hicieron*. «Ella es imposible» se extendería a todos los aspectos de lidiar con tu hija, pues así la estás caracterizando. «No le gusta la crítica» es específico en cuanto a las causas de sus acciones en este escenario determinado.

Caso #3: Has perdido la intimidad física en tu matrimonio.
Todo: «Ya no nos amamos».
No todo: «La intimidad física pierde importancia con el tiempo».

Una vez más podrás ver que la causa Todo abarca todos los aspectos de tus relaciones (cómo te relacionas, cómo se sienten el uno sobre el otro, etcétera), mientras que la explicación No todo sólo atañe a los aspectos físicos.

Lo complicado de decidirte por una causa Todo es que estás diciendo que el problema existe en muchas áreas de tu vida, lo que puede hacerte pensar que es demasiado grande para resolverlo. Es abrumador intentar tratar con una adolescente a la que calificas de «imposible» en todas las áreas, pero más manejable trabajar con ella en aprender a aceptar mejor las críticas o atenuar cómo y cuándo la criticas.

Cuando Andrew trabaja con niños con el estilo Siempre/Todo con frecuencia resumen sus esfuerzos académicos con un «Soy estúpido». Él siente un gran alivio cuando escucha esto porque, mientras más amplia sea la explicación (Soy estúpido vs. Soy malo en matemáticas), es más fácil de refutar y disipar. Por ejemplo: ¿el niño juega videojuegos? ¿Sí? Perfecto. ¿Cuál es su videojuego favorito? ¿Hasta que nivel ha llegado? Ah, ultrasuperexperto. Mmm, entonces no puede ser estúpido si puede dominar algo tan complejo, ¿no? Ni Andrew ni el niño pueden resolver lo «estúpido», pero sin duda pueden abrirse camino al explorar hábitos de concentración o incluso bloqueos mentales para las matemáticas.

CÓMO IDENTIFICAR PENSAMIENTOS DE «SIEMPRE» Y «TODO»

• Los pensamientos de Siempre normalmente tienen las palabras *nunca* o *siempre*, o son sobre defectos de personalidad o carácter, o talentos y habilidades básicas. Por ejemplo: «Siempre escojo lo peor del menú» o «No puedo con las matemáticas».

• Los pensamientos de Todo atraviesan varias áreas de tu vida, no sólo la situación con la que estás lidiando. Por ejemplo: «No puedo arreglar esta gotera porque soy un estúpido».

El punto es que la mayoría de los problemas tienen una variedad de causas, pero al intentar resolver un problema —especialmente si nos sentimos deprimidos o estresados— solemos ver únicamente el Siempre y el Todo, que son justo lo que no podemos resolver. El truco está en entrenarte para reconocer las explicaciones

Siempre y Todo en tu cabeza, ponerlas a un lado, y mejor concentrarte en las causas No siempre y No todo para dar con más y mejores soluciones. Recuerda: mientras más causas puedas ver, hay más soluciones a tu alcance.

ACTÚA

Bueno, pongamos a trabajar esta habilidad. Sigue estos pasos para salir adelante:

1. **Escoge un problema en tu vida que parezca no tener solución.** Ése es el que vamos a atacar. Digamos que tienes un empleado con el que es difícil tratar. Comete errores y te causa varios dolores de cabeza. Escribe el problema.

2. **Identifica por qué crees que está pasando esto.** ¿Qué causa esta dinámica conflictiva? ¿Qué o quién la causa? Nota cuál es el primer pensamiento que pasa por tu cabeza. No tiene que ser una sola causa, puedes anotar hasta tres causas que creas que lo generan. Digamos que tus respuestas son: *Él nunca escucha lo que le digo* y *Es incompetente.*

3. **Fíjate en cualquier causa Siempre o Todo en tus respuestas y enciérralas en un círculo.** Mientras que éstas pueden ser causas reales de tus problemas, también pueden llevarte a un callejón sin salida en cuanto a resolver el problema. Evidentemente, «Él nunca escucha lo que le digo» es una causa Siempre, y «Es incompetente» es una causa Todo, pues es una sentencia de carácter que va más allá de esta situación en particular.

4. **Ahora obtén tantas causas No Siempre y No Todo como puedas para este problema.** El objetivo es que generes tantas causas *cambiables* como te sea posible; en la siguiente tabla encontrarás algunas explicaciones Siempre y Todo, así como sus contrapartes para que te des una idea. En la situación con tu empleado, podrías cambiar «Él nunca escucha» por «No está escuchando cuando le hablo sobre este proyecto». «Es incompetente» podría verse como «No es bueno en estas áreas en particular». ¿Puedes ver cómo has replanteado estos como problemas que puedes solucionar, en lugar de un pantano en el que te atascas?

SIEMPRE/TODO	NO SIEMPRE/NO TODO
«Ella es irresponsable.»	«Fue descuidada en esta situación.»
«A él no le importó.»	«No me preguntó cómo me fue en mi presentación de hoy.»
«No es buena para cumplir con los tiempos de entrega.»	«No entregó a tiempo esta tarea en particular.»
«Todo está saliendo mal.»	«Tengo dificultades con estas cosas específicas en este momento.»

5. **Inventa nuevas estrategias de solución que se alineen con tus causas de No siempre/No todo**. Por ejemplo, una nueva estrategia para tu empleado podría ser: «Lo voy a juntar con alguien que sea bueno en esta área en particular para que hagan este proyecto y, con suerte, aprenda de esta persona para próximos proyectos».

PARA LOS «NO SIEMPRE/NO TODO»: Si tienes una tendencia por el estilo No siempre/No todo, probablemente tengas menos experiencias en las que los pensamientos de Siempre/Todo te detengan. De igual modo, si estás atascado en un problema, significa que seguramente no estás viendo todas las causas y, por ello, todas sus soluciones. Puede ser útil que generes algunas causas Siempre/Todo para ver si hay factores sobre los que no tienes control y que debes aceptar con gracia para salir adelante.

Necesitas practicar para aprender a discernir entre problemas que puedes y no puedes resolver, pero con el tiempo lo empezarás a hacer con naturalidad y verás soluciones posibles completamente nuevas para viejos problemas. Con esta herramienta podrás desenredar los nudos en tu vida que antes parecían imposibles. ¡A eso le llamamos avanzar!

Mi plan para salir adelante

Escojo trabajar en esta habilidad porque:

Mi estilo explicativo por defecto es:

El problema sin resolver del que quiero deshacerme es:

Las causas inmediatas que veo de este problema son:

Los elementos de Siempre y Todo que hay en esas explicaciones son:

Por el otro lado, veo estas explicaciones No siempre y No todo:

Con base en las causas No siempre y No todo, puedo usar estas soluciones nuevas:

Día 12

Vive tus objetivos de vida

Recompensa: tu vida diaria tendrá
un sentido de logro y pasión

El afamado John Lennon dijo alguna vez «La vida es lo que sucede mientras estás ocupado haciendo planes» y es verdad... pero no necesariamente: puedes alinear tus objetivos de vida con tus acciones diarias y de eso se trata la habilidad de hoy.

Gran parte del estrés se basa en la separación entre nuestros planes para el futuro y nuestro comportamiento actual. Por ejemplo: «Quiero estar en forma, pero estoy comiendo demasiado y no hago ejercicio ni nada para cambiar mi situación actual» o «Quiero tener una gran carrera, pero estoy atrapado en este trabajo».

> «Una de nuestras cargas más grandes es no tener una misión. "Bah" es nuestro peor enemigo.»
> **Andrew**

Nos ocupamos de completar nuestra lista diaria de cosas por hacer, pero pocas veces nos detenemos a pensar en nuestros objetivos de vida. El obviar esta imagen puede costar muy caro a nuestro sentido de satisfacción.

Los tres vemos que esta dinámica aflora constantemente: Adam la ve en sus pacientes, para quienes tener un propósito de vida puede hacer la diferencia entre sanar o sufrir; Andrew la encuentra en sus clientes que se sienten indiferentes, debido a que actúan de modo que no avanzan en pos de su misión de vida o la están traicionando; y tanto a nivel personal como laboral, Jan conoce a muchos hombres y mujeres que están tan decididos a obtener ganancias o nivel económicos que pierden de vista lo que realmente importa y, peor aún, cómo su trabajo contribuye al todo.

Nuestras vidas diarias son tan caóticas y, a decir verdad, nosotros dejamos que así sean. No es fácil detenernos, respirar y pensar sobre nuestro plan de vida, menos aún actuar para hacerlo realidad. Pero, dejando las creencias espirituales a un lado, sólo vivimos una vez y si no lo aprovechamos, no tendremos otra oportunidad. Cuando se trata de nuestras experiencias de vida en general, una de las mejores cosas que podemos hacer en nombre de nuestro bienestar y felicidad es llenar nuestra vida —y nuestras acciones— de sentido y de propósito.

EL PODER DEL PROPÓSITO: Le pedimos a los participantes principiantes en nuestro programa en línea que le dieran una calificación a qué tanto creían que cada uno de nosotros tiene un propósito y sentido, o si podían encontrar ese propósito y sentido. Aquellos que le dieron la más baja calificación tienen la mitad de capacidad de manejar el estrés que quienes le dieron la calificación más alta. Lo bueno es que al analizar a aquellos que calificaron bajo, después de En equilibrio *duplicaron su sentido de significado y propósito y aumentaron su capacidad para manejar el estrés en un 40 por ciento.*

Adam cuenta la historia de una paciente de unos 50 años que tenía dolor de espada y cuello. En la consulta, comentó que su mamá acababa de morir. Estaba lidiando con una gran pérdida y eso exacerbaba sus dolores físicos (el dolor emocional puede causar inflamación en el cuerpo). Ella había cuidado de su madre por unos diez años y el hacerlo había hecho que su vida tuviera un significado. Ahora que su madre estaba muerta, se sentía perdida y sin sentido. Estaba en duelo no sólo por la pérdida de su madre, también por la pérdida de su identidad como cuidadora.

A esta paciente le faltaba un componente clave en su sanación: si quería sentirse mejor, tenía que lograr su bienestar no sólo a nivel físico, sino en todos los niveles. La paciente necesitaba sentirse completa de nuevo. Intentó aliviar el dolor físico con acupuntura y algunos ejercicios leves, pero el objetivo principal era descifrar qué haría que su vida tuviera sentido de nuevo; necesitaba hacer planes para encontrar ese sentido y actuar para sucediera. Adam le sugirió que intentara hacer trabajo de voluntariado para que pusiera en uso su compasión y habilidades para cuidar a los demás.

¿En dónde quisieras estar en 20 años? ¿Qué tipo de trabajo te gustaría hacer? Si ya no quieres trabajar para entonces, ¿qué te gustaría hacer? ¿Qué tipo de relación quieres tener con tus hijos, tus amigos, tu pareja? ¿Dónde quieres vivir? Más importante aún, ¿estás actuando conforme a tus objetivos de vida?

Si lo estás haciendo, ¡fantástico, sigue así! Si sientes que hay una separación entre lo que quieres ser en la vida y lo que haces actualmente, sigue leyendo: tenemos algunos consejos que pueden ayudarte.

ACTÚA

1. **Define tus objetivos.** El primer paso para alinear tus acciones con tu misión de vida es identificar cuál es esa misión. Hoy tómate un tiempo para revisar las preguntas que encontrarás más adelante y escribe tus respuestas a las que te importan. Cualquiera que no aplique a tu vida, sáltatela. Para las que te importan, sé tan detallado como puedas.

2. **Escoge lo que quieras más.** Lee tu lista, ¿qué parece lo más urgente o lo que más deseas? ¿Qué es lo que realmente quieres en tu vida a partir de ahora? ¿Quieres un trabajo más significativo? ¿Una mejor conexión con tu pareja? ¿Encontrar el amor de tu vida, un hogar? Por ahora, olvida cualquier pensamiento automático que te desanime o te convenza de que no puedes lograrlo o tener estas cosas (recuerda: ya tienes las herramientas para eliminar esos pensamientos).

3. **Toma un paso pequeño.** Crea una actividad de cinco minutos que puedas hacer para salir adelante. Si sueñas con un hogar, quizá puedas hacer una cita con un corredor de bienes para saber qué hay en el mercado. Si quieres sentirte más conectado con tu familia extendida, escoge a uno de tus familiares para ponerte al corriente hoy. Comprométete a hacer esta actividad hoy mismo y ve lo que sucede.

4. **Aprovecha el momento positivo para seguir adelante.** Nota cómo te sientes después de hacer el paso anterior. ¿Estás orgulloso, motivado, sientes que lo lograste? Si es así, comprométete a que tal día a tal hora harás otra actividad de cinco minutos, ya sea en favor de este objetivo o de otro de tu lista. Mientras más pasos pequeños hagas, obtendrás un mayor impulso y te alinearás más con lo que quieres para tu vida.

Así es como Lauren, de 48 años, lo hizo:

«En veinte años, quiero tener tal éxito establecido en mi carrera que pueda dejar el mundo corporativo y trabajar por mi cuenta como consultora. Quiero ser capaz de establecer

mis propios horarios y viajar seguido con mi esposo, quien para ese entonces estará retirado. La única cosa que empezaré a hacer a partir de hoy es fortalecer mis conexiones en la industria para tener relaciones independientes con mis clientes. También me pondré en contacto con alguna consultora para invitarla a comer y preguntarle cómo construyó su base de clientes.»

MI VIDA EN 20 AÑOS

- ¿Cómo quiero que sea mi vida laboral? ¿Qué quiero lograr para entonces y en veinte años qué quiero estar haciendo?
- ¿Qué quiero en mi vida amorosa? ¿Con quién estoy y cómo es nuestra relación?
- ¿Cómo quiero que sea mi relación con mis hijos?
- ¿Cómo quiero que estén mis hijos? ¿Qué cualidades espero haberles enseñado?
- ¿Cómo está mi salud?
- ¿Dónde vivo?
- ¿Por quién estoy rodeado?
- ¿Qué actividades físicas, creativas u otras espero haber logrado?
- ¿Por qué quiero que me reconozcan en mi comunidad?
- ¿Qué contribución he hecho al mundo en general?

Y este es el plan de Todd, quien tiene 34 años:

«En veinte años quiero estar casado y tener pocos hijos, vivir en una casa que esté cerca de la de mi hermano y su familia. Quiero estar sano y en forma de modo que pueda jugar una vez a la semana squash con mis amigos y ser un papá activo y comprometido. Pero por ahora estoy dedicando todo mi tiempo al trabajo sin socializar, lo que dificulta que encuentre una pareja que haga que este plan funcione. Así que mi primer paso será pedirle a la novia de mi amigo que me presente a algunas de sus amigas como me ha dicho.»

Ahora es tu turno, ¿cuál es tu plan?

Mi plan para vivir mis objetivos de vida

Así es como quiero que sea mi vida en veinte años:

Esto es lo que quiero que haya en mi vida a partir de hoy y que está alineado con uno de esos objetivos:

Esto es lo que haré para avanzar:

Lo haré este día, a esta hora:

Una vez que completé ese paso, me sentí:

Daré seguimiento a ese paso así:

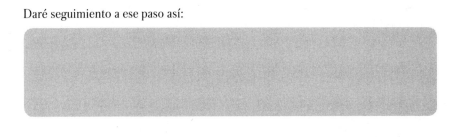

Día 13

Activa tu trabajo

Recompensa: mayor satisfacción con lo que haces

Muchas personas, cuando piensan sobre estrés laboral, se imaginan un calendario lleno de fechas de entrega, proyectos demandantes o un ambiente lleno de política. Pero esos no son los únicos generadores de estrés en el trabajo.

Tu trabajo también puede causarte estrés si, bueno, no te gusta. Si no estás conectado con lo que haces, no te sientes satisfecho al hacerlo ni con un propósito, y eso puede hacer que ir al trabajo todos los días sea una gran carga. Si, como muchas personas, pasas ocho horas o más al día en el trabajo, este estrés también puede aumentar y alcanzar a todas las áreas de tu vida. Si no eres feliz con tu vida laboral, tiene consecuencias en todo lo demás.

Lo bueno es que puedes cambiarlo sin tener que renunciar a tu trabajo. Podemos mostrarte el secreto para encontrar alegría y satisfacción sin importar el tipo de trabajo que hagas.

TRABAJO Y CONEXIÓN

En 2006, la Brookings Institution (un laboratorio de ideas ubicado en Washington, D. C.) le pidió a Andrew que descifrara uno de sus acertijos psicológicos más complicados. Estaban estudiando la satisfacción laboral y la felicidad entre los empleados del gobierno y se topaban con una inconsistencia muy extraña: 30 años de investigación mostraban claramente que cuando se trataba de insatisfacción laboral, había diez factores que afloraban una y otra vez, como buena paga, prestaciones, tener autonomía, contar con un presupuesto confiable, etcétera. Sin embargo, sin importar la forma en la que revisaran la información, encontraron que los empleados del gobierno federal no le daban importancia a estos factores comunes. Aun así, de vez en cuando observaban que estos empleados se sentían significativamente más satisfechos con sus trabajos y sus colegas. ¿Por qué?

Andrew se dispuso a resolver este acertijo y rápidamente descubrió que no sólo se sentían más satisfechos con su trabajo, sino que en general tenían una calificación alta en resistencia. ¿Su satisfacción potenciaba su resistencia o su resistencia los hacía sentirse más satisfechos con su trabajo? ¿O había una tercera variable que ayudaba a ambas, como Andrew sospechaba? Este era un enigma que no podía resolver hasta que conoció a un hombre llamado Steve Craft.

Steve nació en una región muy fría del norte de Illinois. Se graduó de la preparatoria con muy buenas calificaciones y tuvo algunas ofertas de universidades, pero no estaba preparado para seguir con la escuela, así que en lugar de ello, aceptó un trabajo como conductor de un tractor. Su plan era hacerlo durante un año, juntar un poco de dinero y después regresar a la escuela, pero, de algún modo, pasaron diez años hasta que un día, sentado en el asiento de ese tractor cuando terminaba el invierno, Steve tuvo una revelación.

«Me di cuenta: Ya no necesito esto», recuerda Steve. En ese momento decidió que se convertiría en un científico espacial. Actualmente es subdirector en la NASA.

«¿Por qué la NASA?», le preguntó Andrew. «¿Por qué no trabajar en el sector privado en el que sí ganarías mucho dinero?».

«Fui a entrevistas», responde Steve. «Pero la NASA fue el único lugar en el que me dijeron que no necesitaría usar una corbata».

Andrew se rió, pero sabía que debía haber más, así que presionó. ¿Por qué quedarse en la NASA incluso ahora, cuando podía irse a cualquier lado, cobrar lo suyo y vivir una vida cómoda?

«Lo he pensado», dijo Steve. «Pero nunca dejaría la NASA porque me despierto cada mañana sabiendo que contribuyo al bienestar de mi país».

Ahí estaba: tener un sentimiento profundo de sentido y propósito era lo que alimentaba la satisfacción laboral de Steve, y la de otros miles de empleados del gobierno.

Después de esto, Andrew fue a preguntarle a miles de personas por qué permanecían en sus trabajos. Las respuestas caían en tres contenedores o tres niveles.

Mientras más alto es el nivel de conexión con el trabajo, más grande es la satisfacción laboral. Todavía mejor: esta conexión combate el estrés, pues mientras más grande es la conexión con tu trabajo, enfrentas mejor las situaciones estresantes y la presión cotidiana laboral. También fomenta la resistencia que cambia la forma en que ves las situaciones laborales «estresantes» al transformarlas, simplemente, en situaciones laborales «intensas». Nada más y nada menos. En otras palabras, te piden tus talentos, energía y concentración, pero no te obligan más a sacrificar tu equilibrio en el proceso. Como puedes ver, es de tu mayor interés el sentirte lo más conectado con tu trabajo que puedas.

Así que, ¿cuál es el secreto? ¿Cómo subimos de nivel? Muy fácil: la llave para tu conexión está en encontrar tu contribución.

LOS TRES NIVELES DE CONEXIÓN LABORAL

Nivel uno: Estoy aquí por el sueldo y las prestaciones.

Nivel dos: Necesito el sueldo y las prestaciones, pero también me gustan mi trabajo, el reto que representa y mis colegas.

Nivel tres: Necesito la paga, me gustan mi trabajo y mis colegas, pero hay algo más. Siento que lo que hago contribuye a algo más grande que yo: mi compañía, mi industria, mi comunidad, mi país o la humanidad.

¿CUÁL ES TU CONTRIBUCIÓN?

Sólo cerca del 30 por ciento de las personas llega de manera natural a la conexión de nivel tres. ¿Por qué crees que sólo unos pocos se comprometen con su trabajo así?

La realidad es que no puedes sentirte conectado con tu trabajo si no puedes ver tu contribución, que es exactamente como suena: lo que tu trabajo beneficia a tu compañía, tus colegas, tu país o al mundo entero. Tu trabajo puede incluir tareas tan mundanas como publicar información de ventas, responder a preguntas de los clientes, explicar cómo funciona tu tecnología, catalogar papeles, o incluso contestar el teléfono. Pero en todas estas tareas hay un propósito más grande: una razón de nivel tres para estar en tu trabajo. Sólo es cuestión de que la encuentres, te enfoques en esa contribución, mientras haces tu trabajo, y la celebres.

Tomemos a Olivia como ejemplo, quien tiene 23 años y acaba de iniciar su carrera en la industria de la moda. Su trabajo como practicante representa acomodar pilas de tela y provisiones, y cotejar hojas grandes de papel. No es lo más emocionante, por decir lo menos. Pero Olivia tiene una actitud de agradecimiento hacia él. Incluso a sus pocos años, sabe de la importancia de su contribución; dice:

«Mira, ya sé que acomodar seguritos y separar por tonos la seda azul no es glamoroso, pero lo que hago permite que los diseñadores tengan fácil acceso a los materiales que necesitan para crear prendas. Cuando veo nuestro trabajo en los desfiles de moda o en revistas, me da orgullo porque sé que tuve que ver —aunque sea una pequeña parte— para lograrlo.»

ACTÚA

Hoy, para mejorar tu conexión en el trabajo, vamos a ayudarte a encontrar las razones de nivel tres sobre el porqué haces lo que haces. ¿Cuál es tu contribución particular? ¿Qué bien mayor haces al realizar tu trabajo? Más adelante encontrarás la razones que otros integrantes del programa *En equilibrio* pensaron.

Ahora es tu turno. Escribe todas las razones de nivel tres sobre tu trabajo que se te ocurran; asegúrate de que sean concretas y específicas, y que realmente creas en ellas. Reflexiona sobre cómo tu trabajo contribuye a un bien mayor, la siguiente generación en tu compañía o a la misión de la empresa. Quizá necesites ver más allá de lo evidente. Una mujer que trabajaba como cajera en una empresa de comida rápida, a pesar de que no se sentía muy bien sobre los productos que vendía, se sostuvo de los conocidos esfuerzos filantrópicos de la compañía; así que para ella, cada comida que vendía representaba más recursos para niños enfermos y otros proyectos respetables.

Cuando hayas completado tu lista, ponla en tu teléfono, en tus notas, en tu computadora… en cualquier lugar que te quede a la mano y donde puedas verla. Cada lunes por la mañana y cada viernes antes de que salgas de trabajar, lee la lista. También cuando sientas que tu trabajo se convierte en una carga en lugar de un regalo que le estás ofreciendo al mundo. Tu lista puede cambiar y crecer con el tiempo, y te empezarás a sentir cada vez más conectado con tu trabajo. No leas rápido cada punto: tómate un momento y reflexiona sobre el bien que estás haciendo y tómatelo a pecho.

CONEXIONES DE NIVEL TRES

- «Creo en lo que mi compañía representa y disfruto intentar hacer la diferencia en mi trabajo.»
- «Soy la voz de la razón entre las personas en mi empresa y contribuyo con un punto de vista valioso.»
- «Motivo a las personas de mi área para que hagan su mejor trabajo.»
- «Mi trabajo tiene un significado, pues hace la diferencia en el bienestar de muchas personas que usan nuestros productos.»
- «Soy la persona a la que ven cuando nuestros clientes entran; soy la cara de la compañía.»
- «A través de mi trabajo, le doy tranquilidad financiera a las personas.»
- «Hago la diferencia para los niños al llegar a su imaginación y sus mentes.»
- «Ayudo a diseminar la alegría.»
- «Hago posible que muchos de nuestros empleados obtengan buenos salarios y sostengan a sus familias.»
- «Soy guía de la generación más joven de nuestra compañía.»

Lo que haces importa de verdad y cuando veas así tu trabajo, éste puede pasar de ser la carga más pesada a uno de los impulsos más energéticos y satisfactorios de tu vida.

Mi plan para llenar mi trabajo de energía

Escojo trabajar esta habilidad porque:

Mis contribuciones particulares a mi empresa, industria u otro fin mayor son:

Voy a poner esta lista aquí para recordar que debo leerla con frecuencia:

Día 14

Conecta con algo más

Recompensa: volver a llenar
tu vida de significado y alegría

¿Qué te sostiene? ¿Qué le da sentido a tu vida?

Esas son las preguntas con las que trabajaremos hoy, pues cuando se trata de cultivar una reserva profunda de resistencia y tranquilidad para salir a flote en las aguas agitadas de la vida, necesitamos agarrarnos de algo más grande que nosotros mismos.

Obtenemos dirección al estar conectados con algo más grande que nosotros y lograr que nuestras vidas se amplíen de tal manera que las tribulaciones diarias parezcan insignificantes. Esta conexión profunda y bien arraigada provee de motivación y convierte las tareas pesadas en ejecuciones sencillas y sin esfuerzo. La vida parece más sencilla si estás lleno de pasión y propósito, pues te sientes satisfecho, más feliz y más vivo. La conexión nos sana.

> «Así como con la medicina integral, no queremos que sólo "no estés enfermo"; el objetivo es llevarte a ese lugar de bienestar general que queremos para ti.»
>
> **Adam**

Valerie, de 50 años, es una artista que tenía un dolor de espalda que le impedía pintar, así que decidió someterse a una cirugía de hernia discal. La operación fue un éxito. Ocho meses después, Valerie vino a ver a Adam para una consulta. Dijo que se sentía más o menos bien, pero no tan bien como ella esperaba. Ya no tenía dolor, pero se sentía un poco letárgica y deprimida. Adam le preguntó si ya había vuelto a pintar y ella reconoció que no; su esposo y ella se habían mudado hacía unos cuantos meses y no había instalado sus cosas de pintura en su nueva casa.

El tratamiento que Adam le recetó a Valerie era muy claro: ve a tu casa e instala tu estudio. Valerie se expresaba a través de su arte y así se sentía plena, por lo que no había forma en que sanara hasta que regresara el propósito y sentido a su vida.

NIVELES DE SATISFACCIÓN EN LA VIDA

Ayer aprendiste cómo conectar con tu trabajo para sentirte más satisfecho, pero ¿el trabajo lo es todo? No, por supuesto que no. Tras su descubrimiento de los tres niveles de conexión laboral, Andrew siguió con su investigación debido a que sabía que sólo una de 10 mil personas diría que su trabajo es lo que le da el sentido más profundo a su vida. Así, descubrió que hay cuatro niveles de conexión con la vida que nos sostienen y que mientras más arriba se encuentra una persona, son mayores su satisfacción y resistencia.

LOS CUATRO NIVELES DE CONEXIÓN CON LA VIDA

Es muy sencillo ver por qué subir del nivel uno al dos puede beneficiarte enormemente: vas de lo superficial (la presentación en el trabajo que salió bien, las ganancias de este cuatrimestre, etcétera) y salir de ti mismo para involucrarte con personas cercanas a ti, por quienes te preocupas. El amor, la protección y el sentido de pertenencia que obtenemos de nuestras familias puede alimentarnos mucho. El tener relaciones fuertes y satisfactorias con personas a las que queremos es invaluable para nuestro bienestar emocional. Además de ayudarnos a lograr el equilibrio, el tener relaciones personales cercanas también tiene beneficios fisiológicos. El tacto estimula la oxitocina, la «hormona del amor», que disminuye el miedo e inunda nuestro organismo con una sensación de tranquilidad. No hay que olvidar que las relaciones personales son un camino de dos sentidos: nos apoyan y nosotros apoyamos a quienes amamos. Las relaciones personales también alimentan nuestra autoestima.

No le quitamos ni una pizca al valor que tiene tu vida familiar para tu bienestar y felicidad; sin embargo, hay información que sustenta la necesidad que tenemos de avanzar hacia arriba para cultivar una resistencia sólida que nos soporte a través de cualquier acontecimiento en nuestra vida.

El nivel tres es el siguiente paso, que incluye el mundo a tu alrededor, fuera de tu casa. Implica un involucramiento con tu comunidad, tu vida social, clubes, actividades... lo que sea que hagas que sea gratificante y que te conecte con personas con las que disfrutes estar. En el nivel tres encontramos muchos aspectos positivos de los que necesitamos cargarnos: el orgullo de altruismo que obtenemos al ser voluntarios, la diversión al estar con amigos con los que disfrutamos convivir, el entusiasmo del interés y el compromiso que tenemos al hacer actividades que amamos en grupo. Puras buenas cosas. Y aun así, hay un lugar más profundo al que podemos llegar.

El nivel cuatro nos recompensa con la resistencia. La característica de este nivel es la conexión con algo eterno, algo que estaba aquí antes de que nacieras y que permanecerá después de tu muerte. Esta prueba de fuego se hace con mayor facilidad gracias a la espiritualidad, la fe y la religión, pero no aplica para todos. Hay muchos otros caminos para llegar a una conexión de nivel cuatro, puede ser a través de la unión significativa con la naturaleza o un conjunto de valores perdurables —como pelear por la igualdad, ayudar a los menos afortunados o proteger el medio ambiente—, en realidad se trata de cualquier cosa que nos dé acceso al gran reino de la humanidad.

LOS CUATRO NIVELES DE CONEXIÓN CON LA VIDA

• **Nivel uno:** Objetivos personales. Esta es el área del avance personal. Los objetivos nos motivan y son sanos, pero algunas personas se enfocan casi exclusivamente en su avance individual.

• **Nivel dos:** Familia. Muchos ampliamos nuestra conexión a nuestra familia, especialmente nuestra pareja e hijos. Para quienes están en este nivel, la familia es lo que los nutre más.

• **Nivel tres:** Comunidad. Además de los objetivos individuales y las relaciones familiares, este nivel incluye también a la comunidad: voluntariado, altruismo u otras formas de contribuir a la sociedad.

• **Nivel cuatro:** Espiritualidad. Aquellos que llegan al círculo más amplio de conexión aprovechan algo que es más grande que ellos, sus familias e incluso sus comunidades inmediatas. Estas conexiones reflejan la espiritualidad propia de cada cual, ya sea a través de la fe en una religión, la comunión con la naturaleza o el conjunto de valores perdurables.

Ed, de 62 años, obtuvo su conexión de nivel cuatro a través del servicio militar. Al ser un orgulloso miembro de la Marina, Ed personifica el lema *Semper Fidelis* (siempre fiel), pues vive y respira a través de los valores de la Marina, como valor, honor y compromiso, y así es como vive sus relaciones con sus colegas, vecinos y desconocidos. Ed encarna la tradición orgullosa de los marinos y se guía y sostiene por esos valores que se respetan en la Marina desde mucho tiempo antes de que él naciera y que seguirán respetándose por las generaciones siguientes.

CUANDO LA VIDA SE HACE DIFÍCIL, LO DIFÍCIL SE CONECTA

Añadir cosas a tu vida cuando estás estresado podría parecer irrazonable, pero durante los tiempos difíciles, las personas resistentes saben que necesitan ampliar sus conexiones, pues eso los hace sentirse mejor, más fuertes y los protege contra el estrés, además de otros beneficios.

Lo irónico es que cuando más necesitamos estas conexiones —como cuando estamos muy estresados—, es cuando más nos retraemos. Justo cuando debiéramos de salir para potenciar nuestra resistencia, retrocedemos, nos contraemos. Evitamos salir, hacer voluntariado y, en cambio, nos quedamos en casa a ver películas y comer palomitas.

Durante la Gran Recesión, Andrew localizó un grupo de personas en todo el mundo que había sido realmente afectado por el conflicto económico, pero que calificaba, sorprendentemente, con las notas más altas en lo que se refiere a resistencia; por ello, lo llamó «El club del maratón». Estas personas habían perdido sus casas y sus trabajos, y muchas vivían al día, pero, de alguna manera, no habían perdido la esperanza de que saldrían adelante. Lo que las unía era que todos sabían instintivamente cómo contactar con otros cuando las cosas estaban peor.

Entre estas personas estaba Brandon, un joven de Albany, Nueva York, que acababa de terminar su maestría cuando llegó la recesión. Envió sin éxito 400 solicitudes de trabajo. A su esposa Amanda le habían prometido un trabajo como maestra, pero quien iba a dejar esa vacante había decidido no irse debido al escenario económico. Las malas noticias se acumulaban; sin embargo, Brandon y Amanda decidieron hacer la única cosa que les atraía, en lugar de preocuparse por lo que podría ser. Había habido casos de cáncer de mama en la familia de él y por ello sabía que las mujeres de su generación estaban especialmente en riesgo, debido a que no se hacían mastografías. Así que la pareja fue de estado a estado para juntar a miles de personas a través de las redes sociales y enseñarles lo importante que era la detección temprana. Lo llamaron el Tour para Madrear al Cáncer de Mama. La vida de Brandon quizá no era exactamente lo que él quería en ese momento, y aun así tenía una gran satisfacción en la vida pues estaba conectado con un propósito mayor.

También estaban Roxanne y Peter, una pareja que había perdido su casa y su trabajo en esos tiempos, y se estaban acabando sus últimos ahorros. Con sólo el dinero equivalente a un tanque de gasolina, decidieron gastarlo en ir al funeral de la familia de Don Yoon, a quien ni siquiera conocían. La esposa e hijos de Don Yoon habían muerto luego de que un jet se desplomara en su casa, ubicada en los suburbios de San Diego, y Roxanne y Peter habían visto en la televisión su desesperación en una entrevista. Algo lo llevó a este hombre necesitado, a pesar de que ellos mismos la estaban pasando muy mal. Aunque sus circunstancias parecían oscuras, al igual que Brandon y Amanda, su perspectiva era luminosa y su satisfacción en la vida, así como su resistencia eran altísimas.

Las cosas no tienen que estar en su peor momento para que aproveches esta destreza. Así como no quieres aprender a usar la pistola de clavos el día que empezarás a construir tu casa, lo mejor es que domines el mundo de las herramientas de la conexión mucho antes de que las necesites.

Vamos a conectarte en serio.

ACTÚA

Por estadística, probablemente te encuentres en el nivel dos y ése es un muy buen punto de inicio. Para expandir tu área de conexión, necesitas agregar las conexiones de comunidad (nivel tres) y espiritual (nivel cuatro) a tu vida. Aquí te decimos cómo.

Crece al nivel tres

Comienza por pensar en tus intereses: ¿hay algún grupo en particular al que quisieras ayudar (por ejemplo, niños, adultos mayores, madres solteras)? ¿Hay alguna causa u objetivo que te gustaría apoyar (mejores escuelas, el medio ambiente, vivienda asequible, un asunto político)?

Después, piensa en tus talentos: ¿eres bueno para organizar y ordenar gente? ¿Tienes experiencia en dar clases? ¿Destreza en la carpintería? ¿Eres bueno con las computadoras o para trabajar con niños?

Ahora encontremos un lugar en el que puedas combinar tus intereses con tus talentos. Pregúntale a quienes conoces o busca organizaciones en tu área en Internet que cubran tus intereses y requieran de tus talentos. Quizá la oficina local de Hábitat para la Humanidad necesita ayuda para construir viviendas para familias que lo necesitan. Quizá hay niños de una escuela cercana que necesitan un tutor de matemáticas, o el albergue local de animales necesita voluntarios. Quizá puedas juntar a algunos amigos para que hagan sándwiches para los sin techo o para organizar un programa de vigilancia vecinal; o podrías recolectar firmas para lograr que se vote tu causa política. Las posibilidades son tantas que no tendrás que buscar muy lejos para encontrar una causa con la cual comprometerte.

Y el último paso: ¡hazlo! Eso es todo, sal y forma parte de un círculo más grande y ve lo que sucede.

Crece al nivel cuatro

La respuesta está dentro de ti en lo que se refiere a las conexiones de nivel cuatro, pues sólo tú sabes lo que te llama. ¿Estás buscando la expresión artística a través de la música, el arte o la literatura? Visitar una galería de arte o unirte a un club de lectura en donde puedas discutir con más personas los temas humanos de la gran literatura pueden ser un primer paso fácil de tomar. O si no has revisado tu fe y tu religión desde tu niñez, ¿por qué no sacarla del baúl, sacudirla y ver qué elementos de esa doctrina aún son compatibles con quien eres ahora? Si te sientes como en casa en la naturaleza, quizá es momento de planear una caminata en el bosque. Hay muchas alternativas en el nivel cuatro, lo importante es que te involucres con algo verdaderamente eterno y que resuene *contigo*.

Has aprendido mucho en el trayecto de estos 14 días: para protegerte del estrés has dominado muchas habilidades, desde la regulación emocional hasta la resolución de problemas, te has tomado tu tiempo para hacer cambios hacia un estilo de vida más saludable. Has sumado cosas buenas para sintonizar tu vida en lo positivo y el día de hoy estás cerrando el trato. Te estás asegurando de que los días por venir se mantendrán estables gracias a las habilidades que hoy dominas y que tendrán sentido y propósito.

No podemos prometer que la vida no te sorprenderá, pero sí podemos saber que estarás listo y que serás capaz de enfrentar lo que sea que venga.

Mi plan para conectar con algo más

Escojo trabajar con esta habilidad porque:

La conexión de nivel tres que cultivaré es:

Lo haré de esta manera específica:

La conexión de nivel cuatro que cultivaré es:

Lo haré de esta manera específica:

TERCERA PARTE

No te detengas

CAPÍTULO
4
Vida en equilibrio

Ahora posees el entrenamiento básico para tener tu vida bajo control. Has aprendido cómo calmar tus emociones, liberar tu poder para resolver problemas y deshacerte del pensamiento defectuoso y las creencias escondidas que te desvían. Estás armado con las herramientas esenciales para mantener en equilibrio tu trabajo, hogar y vida personal, para cuidarte físicamente y para potenciar tu resistencia al estrés al agregar cosas positivas a tu vida.

Pero no se acaba aquí.

La mejor parte de este programa es que estas habilidades pueden usarse en cualquier área y situación de tu vida, puedes aplicar lo que sabes para hacer cambios rápidos y duraderos, desde arreglar un desorden hasta una relación.

Por ejemplo:

SI ESTÁS ATRAPADO EN UN PROBLEMA...

Detente. Piensa. Ahora tienes a tu disposición dos habilidades poderosas para salir incluso del problema más complicado.

En primer lugar, pregúntate: ¿quién es el responsable de este problema? ¿A qué se lo estás atribuyendo? El sentirse atrapado es una señal de que tu sistema explicativo puede estar limitando tu perspectiva y quizá sólo estés viendo una parte de las causas y, por ello, sólo una parte de las soluciones posibles. Utiliza las herramientas que aprendiste el día 11 para identificar cuál es tu estilo explicativo y sé flexible para desenredar este lío.

Si el problema que te perturba te es familiar —si ya lo has tenido antes—, tienes una pista de que has caído en una trampa mental. Recuerda: a través del pensamiento defectuoso podemos hacer ver a nuestros problemas más complicados de lo que en realidad son. Utiliza las herramientas que aprendiste el día 3 para identificarla y escapar.

SI SE TE DIFICULTA CONCENTRARTE...

¿Estás durmiendo bien? Cuando se trata de concentración, lo primero que hay que revisar es lo físico: el agotamiento puede nublar tu pensamiento. Sé honesto contigo mismo: ¿tienes sueño de calidad cada noche? ¿Tus hábitos de la tarde están ayudando o mermando tus esfuerzos? Recuerda que si no duermes bien, es casi imposible poner en práctica cualquiera de las habilidades que has aprendido aquí. Usa tus habilidades de Sueño Inteligente para obtener el descanso que necesitas y sentirte fresco y recargado.

Si el problema no es la falta de sueño, revisa tu radar emocional. Recuerda que los sentimientos negativos dificultan que te concentres en cualquier cosa más que en lo mal que te sientes. Observa tus señales físicas para saber qué estás sintiendo: ¿enojo, ansiedad, frustración, culpa, vergüenza o pena? Usa tus habilidades ALE para desenterrar los pensamientos que causan esa emoción negativa y elimínala si no está justificada.

Para un arreglo rápido, intenta usar una de tus habilidades del día 4 para lograr la calma de manera instantánea: respira profundamente, relaja tus músculos progresivamente o recurre a las imágenes positivas. Las tres son igualmente eficaces cuando necesitas recuperar tu enfoque, pues apagan automáticamente el sistema nervioso simpático, que cuando está activo de manera crónica oscurece nuestro pensamiento, desestabiliza nuestro enfoque y debilita nuestro poder de concentración.

SI TE SIENTES ABRUMADO...

Estás desequilibrado, lo que quiere decir que necesitas calibrar de nuevo la proporción de lo bueno y lo malo en tu vida. Sigue los pasos que aprendiste el día 7 para acabar con el agotamiento: deshazte de la carga, replantea lo necesario, agrega lo bueno y cuenta activamente para restaurar las cuentas a tu favor.

SI TE SIENTES EXHAUSTO...

Una vez más empieza con lo obvio: lo físico. Si no le estás dando a tu cuerpo buen sueño, alimentos sanos y ejercicio, debes sentirte agotado. Usa tus habilidades Sueño Inteligente, Recárgate Correctamente y Encuentra los Errores en tu Estado Físico para recuperarte.

Más allá de lo físico, el que te sientas agotado puede ser la señal de que estás exhausto emocionalmente. Lo bueno es que tienes la cura para ello: sintoniza tus radares positivos. Utiliza las habilidades que aprendiste en el día 8 para conectar con las seis grandes emociones positivas: felicidad, orgullo, interés/compromiso, estima/respeto, amor y satisfacción. Date el empujón que te fortalecerá y potenciará tu resistencia.

SI ESTÁS ATRAPADO EN LA RUTINA EN TU RELACIÓN

Sí, también puedes usar estas herramientas para que tu relación de pareja salga de ese bache crónico. Para algunos, son las pequeñas cosas las que generan más fricción (como las peleas sobre las tareas del hogar); para otros, los conflictos son más grandes, como los desacuerdos financieros o planes de vida. Nos hundimos cada vez más al repetir estos patrones de conflicto.

Si te sientes frustrado con tu relación, observa si no has caído en una trampa de lectura de la mente: ¿asumiste que sabes lo que tu pareja piensa sin siquiera preguntarle? ¿Esperas que tu pareja sepa lo que piensas o deseas sin habérselo dicho con claridad?

Si estás frente a esta trampa, usa tus habilidades ALE:

1. **Atrapa la emoción**. Lo primero es saber cuándo estás leyendo la mente. Por lo general, te delatará el sentirte frustrado o enojado con alguien por no cumplir con lo que quieres y esperas.

2. **Localiza la emoción y los pensamientos detrás de ella.** Pregúntate: «¿Por qué me siento frustrado? ¿Qué era lo que esperaba? ¿Qué necesitaba?». Después hazte la pregunta difícil: «¿En realidad, yo pedí esto?». Si la respuesta es no, estás dentro de una trampa mental.

3. **Elimínala.** ¿Cómo? Al hablar... ¡en voz alta! Si no estás seguro de haber dicho algo, habla. Repetirlo no lastima a nadie.

SI TIENES DIFICULTADES PARA CAMBIAR UN HÁBITO...

Esos icebergs en tu camino... ya sea al deshacerte de lo que no te sirve, ir al gimnasio con frecuencia, al pedir té en lugar de moca extragrande con crema batida. Recuerda: los cambios de estilo de vida no pueden hacerse a nivel de comportamiento si no desentierras primero las creencias escondidas que están deteniendo. Usa tus habilidades del día 6 para identificar esos icebergs que desvían tus esfuerzos y para decidir si necesitas derretirlos, limarlos o rodearlos.

SI TE SIENTES INDIFERENTE...

¡Es momento de que te conectes! Sentirte indiferente es el opuesto de sentirte inspirado, que es como nos sentimos cuando estamos inyectados de sentido y propósito.

Si tu vida profesional te pesa, en lugar de elevarte, revisa tus habilidades del día 13 para profundizar en ese *porqué* detrás de lo que haces y para llenar de energía tu trabajo de nuevo.

Para animar nuestras vidas más allá del trabajo, necesitamos ampliar nuestro círculo. La mayoría de las personas tiene una conexión de nivel dos con sus familias y ése es un gran punto de inicio, pero para tener más resistencia necesitamos expandirnos más. Recuerda: mientras más grande sea tu barca, tienes menos posibilidades de volcarte. El nivel tres toca a tu comunidad y te conecta con el mundo a tu alrededor; incluye el voluntariado, trabajo altruista o contribuir a la sociedad de cualquier forma.

En el nivel cuatro está la fuente más profunda de la resistencia: la conexión con algo universal y duradero. La clave está en conectarte con algo que estaba aquí mucho antes de que nacieras y que perdurará mucho tiempo después de que mueras. Puede ser la naturaleza, la espiritualidad, alguna religión, un código ético, etcétera. ¿Qué te sostiene? ¿Qué te sirve como guía? Revisa las habilidades del día 14 para conectar con algo más profundo para acabar con la indiferencia de una vez por todas.

Este es sólo el principio. Te invitamos a visitar www.mequilibrium.com y a que formes parte de nuestra comunidad para que aprendas cómo aplicar tu entrenamiento básico en tu día a día.

Sí, la vida puede ser estresante, no podemos negarlo. Pero ahora ya sabes exactamente qué hacer para enfrentar el estrés; tienes lo que se necesita para estar en control y dejar de sentirte abrumado, para sentirte en equilibrio y no agotado. Lo más importante es que puedes usar lo que ya sabes para que tus días estén llenos de sentido, paz y alegría. Al final, ¿no es eso de lo que se trata la vida?